やる気を引き出し、
意欲を
高める評価

聞くことから始めよう！

Giving Students a Say

マイロン・デューク 著
山﨑その・吉川岳彦
吉田新一郎 訳

さくら社

Myron Dueck

Giving Students a Say

Smarter Assessment Practices to Empower and Engage

目次

※ 本書に登場する参考文献のうち、未邦訳のものについて、原書タイトルは285ページに記載の二次元コードからご参照ください。

訳者による前書き

今、私が勤務している学校には、いわゆる通知表がありません。定期考査による点数評価もありません。代わりに記述式の評価があります。一見すると、これはすばらしいものに見えるかもしれません。とりわけ、本書を手に取ってくださった方々にとっては。

記述式の評価では、その生徒の強みや弱みを丹念に書くことが可能になります。「あなたは八三点、きみは四七点」などと点数だけを突きつけることをしなくてすむのです。三年前、ドイツでの留学生活を終え、現勤務校で働き始めたとき、文章による評価はすばらしいものに見えました。今でも優れたやり方だと思っています。しかし、実際に運用されている現場に入り、自分自身でも「評価」をするうちに、「これはプラスだけではないぞ」ということを考えるようになりました。評価の観点が明確でない記述は、評価者の主観的な「感想」に陥る可能性があるからです。

本書の著者であるマイロン・デューク先生は、意味のある「評価」とはどんなものかを実践を通して考え、多くの研究や書籍、人々から学び、それを自らの現場で試してきました。本書では、そうやって選ばれた実践、考え方が紹介されています。ざっとあげてみるだけでも、「自己評価のもつ力」「生徒とともに学習目標をつくる方法」「(日本でもやっと注目されてきた) ルーブリックの意味と使い方」「一〇〇点満点評価の問題点」「生徒による自己報告の方法」など、広い範囲をカバーしています。

もちろん、これらの新しい実践がすぐに受け入れられてきたわけではありません。本文中にも「(評価方法の変更について）多くの疑問や懸念が生まれました。また、同僚との困難な話し合いもたくさんありました」という述懐があります。でも、デューク先生はあきらめません。さらなる向上を目指す不屈の精神、そしてバランス感覚をもちながら、前に進もうとしています。そして、その根底には、「生徒の声を聞くことから始めるべきだ」という信念があります。

この本は、教育現場で日々授業をする先生たちのためのものです。そして、実は優れたブックガイドでもあります。『超一流になるのは才能か努力か？』『平均思考は捨てなさい』『逆転！強敵や逆境に勝てる秘密』『ファスト&スロー』など、学びや評価に関する名著のエッセンスが味わえる本でもあるのです。

そうだ、言い忘れていました。デューク先生はスポーツのコーチでもあります。そのため、評価の射程は座学に留まりません。スポーツ競技における評価の困難さ、そして優れた才能を見出すための視点についても、豊富な例を用いて詳述されています。体育の先生はもちろん、運動部の顧問の先生も大いに刺激を受けることでしょう！

なお、原書がそれだけ広い範囲をカバーしているため、初期の訳稿は三五〇ページ強の分量となり、ほんとうに残念ながら原書の第四章「継続的な評価に生徒が参加する」ほかをカットせざるを得ませんでした。ちなみにカットした「第四章」では、生徒にとって意味のある「テスト」

とはどういったものか、生徒についての教師の認識と「テスト」が食い違う時にどう対応すべきなのかということなどが述べられています。※オンラインで公開しています。詳しくは283ページをご参照ください。

山﨑、吉川、吉田の翻訳チームは読みやすさに配慮しつつ、訳稿を作成してきました。手に取っていただき、日々の実践に活かしていただければ、ほんとうにうれしいです。もし、「いい本だな」と感じたら、どうぞ同僚の方々にも勧めてください。もしかしたら、この本が日本の教育現場における評価を変えていくきっかけになるかもしれません。そして、生徒たちにも「こんな評価のやり方があるんだけど、どう思う？」と尋ねていただきたいのです。

ぜひ、生徒の声を聞かせてもらいましょう！

最後になりましたが粗訳の段階で目を通し、フィードバックをしていただいた秋吉梨恵子さん、鵜飼力也さん、遠藤純平さん、三塚平さん、吉川光子さんに心から感謝いたします。また、本書の企画を快く受け入れてくださり、出版まで誠実に伴走してくださった、良知令子さんおよびさくら社の関係者の皆さんにも心からお礼を申し上げます。

二〇二三年六月

訳者を代表して　吉川岳彦

第1章

エレベーター
ピッチ

生徒中心の評価の方法とは？　そして、それはなぜ大切なのか？

テリー・オライリーの『私が知っていること（未邦訳／原書タイトルは参考文献リスト（285ページ）に記載の二次元コードから参照してください。以下同）』[96]は、マーケティングに少しでも興味がある人には必読の本です。また、マーケティングにあまり関心がない人も、今の生活を形づくる多数の広告や製品に関するストーリーを楽しむことができます。

この本は、オライリー自身が配信する人気のポッドキャスト「感化する力（Under the Influence）」でのエピソードや、そこから学んだことを元に書かれました。私のお気に入りのエピソードは、スティーブ・ジョブズがジョン・スカリーをペプシコからアップルへ引き抜いた時のものです。

一九八二年、スカリーはペプシコの社長として確固たる地位を築いていました。彼は配送トラックの運転手として、この大企業でのキャリアをスタートし、一六年にわたって、同社で出世の階段を登り続けました。[82]

スカリーが社長にまで出世したのは、製品開発によるものではなく、天才的なマーケティングの才能によるものでした。[99]彼は、ブラインド・テイスティングでペプシとコカ・コーラを言い当てる「ペプシチャレンジ」の発案者です。そして、ペプシブランド全体の有力なＣＥＯ候補と目されていました。

ジョブズは、スカリーがコカ・コーラから市場シェアを奪った効果的な手段を目の当たりにし、何としてもスカリーをアップルに引き抜こうと考えました。それは、彼がコンピューター市場においても同様の手腕を発揮し、アップルとマイクロソフトの明らかな差を縮められると感じたからでした。

残念なことに、スカリーはアップルに興味がありませんでした。ジョブズは、彼にとても高額な給与と有利なストックオプションを提示しました。しかし、スカリーの心は揺らぎません。数か月後、スカリーはこの話にケリをつけるため、ジョブズと直接話し合いました。

「熟考したが、君のところには行かない。私はここに留まる。そして、東海岸ですべきことをする。だが、無償でアドバイスはしよう。友人になろう。でも、アップルには行かない」

普通の人なら、この時点で諦めるでしょう。しかし、ジョブズは「普通」ではありませんでした。明らかな拒絶であるスカリーの言葉を聞きながら、ジョブズは彼の耳元五〇センチのところまで歩み寄りました。そして、かの有名なセリフを口にしたのです。

「このままずっと砂糖入りの水を売り続けたいか？　そうじゃなくて、私と一緒に、この世界を変えてみたくはないか？」◆82

一週間後、スカリーはアップルで働き始めました。そして、一〇年後、アップルは世界で最も収益性の高いコンピューター会社になったのです。

オライリーは、このエピソードを引用して、「エレベーターピッチ」の力と重要性を力説しています。「エレベーターピッチ」とは、アイディアなどを簡潔にまとめて、二〇秒もかけず伝えられるようにする手法です。

ロナルド・レーガンは、手強い対立候補であるジミー・カーターとの大統領選挙キャンペーンで、有権者向けのシンプルで効果的なエレベーターピッチをつくりました。「皆さんの生活は四年前より良くなりましたか?」と。◆96

オライリーによると、優れたエレベーターピッチには「簡潔で魅力的であること」「組織またはブランドの本質を反映していること」という基本的な性質があります。あなたが購入した製品、あなたが見た映画、あなたが読んだ本は、それらを買う価値をあなたに納得させるだけのエレベーターピッチをもっていたのでしょう。

「エレベーターピッチは、明確さに到達するためのエクササイズです」とオライリーは言います。◆96 それは、「短いほどよい」という金言の表れでもあります。そして、組織の全員が自分たちのミッション〔使命〕をすぐに理解でき、しかも説得力のある「フック〔釣り針〕」となるように表現することを勧めています。また、物事を詳しく説明したいという私たちの欲望に対して、「エレベーターピッチがパラグラフ一つ分を必要とするなら、それはまだできあがってはいません」と警告しています。

ジョブズは、優れたエレベーターピッチの力を誰よりも理解していたはずです。彼は、アップルを次のように説明しました。

「アップルがいつも実現してきたことがあります。それは、ほんとうに複雑なテクノロジーを取り入れること。そして、それをエンドユーザーが簡単に理解し、使えるようにすることです」◆3

この言葉には説得力があります。それはおそらく、この本を Mac で執筆し、iPhone と Apple Watch を所有し、Apple TV のサブスクリプションを購入する理由です。そして、ヴィンテージの Apple IIc(1) の前を通ると、つい立ち止まって見入ってしまう理由でもあるからです。

私は、教師たちに自分の教科やクラス、勤務校のエレベーターピッチをつくってもらったら、どんなものになるだろうかとよく考えていました。たとえば、二一世紀の教育についての「エレベーターピッチ」はどうでしょうか？　教師は、自分の存在理由のすべてを一文、もしくは二文にまとめることができるでしょうか？

(1)　アップルが一九八四年に発売した Apple II シリーズのパーソナルコンピューター。

オーストラリアで開催された会議に出席していたとき、ジョン・ハッティは「汝の影響を知れ」という、彼のシンプルな探究を紹介してくれました。それは無駄がなく、パワフルで、教師へのフィードバックと密接に結びついていました。私はその探究を気に入りました。

アップルのような企業やハッティのような研究者の経験を元に、「教育において何をするのか」ではなく、「なぜ教育に関わろうとするのか」ということから、私たちも考え始めるべきなのです。[2]

サイモン・シネックは、『ＷＨＹから始めよ！』◆115の中で、自分たちがアップルのコンピューターを売ることを想像してみるよう勧めます。そして、そのエレベーターピッチは次のようなものだろうと予測します。

「私たちは、すばらしいコンピューターを作っています。美しいデザイン、シンプルな操作性、使いやすさが特徴です」。これは一見ロジカルで、しかもアップル製品のエッセンスを説明しているように思えます。確かに、このエレベーターピッチは、コンピューターが「何」であるかを説明しています。しかし、アップルがコンピューターを「なぜ」造っているのかは説明していません。

本当に説得力をもつエレベーターピッチをつくることに成功している企業は、自分たちのビジネスを明確に理解している、とオライリーは言います。それらのエレベーターピッチには驚かされます。たとえば、ナイキは靴ではなく「モチベーション」を、ミシュランはタイヤではなく「安全」を売っているのです。ハイネケンの天才的なマーケターたちは、もはやビールを売っているのではありません。「包容力」「節度」「寛容さ」を売っているのです。

このようなトップブランドにならって、教師も自分たちがしていることを明確にする必要があるのではないでしょうか。そのときあなたは、自分たちがしていることは「教育」とは別のものであることに気がつくかもしれません。

学校で行われていることを「エンパワーメント」[3]と「エンゲージメント〔夢中で取り組む〕」という新たな視点で見つめ直すことで、学校を変えることができるでしょう。アメリカの代議士で公民権運動の指導者であるバーバラ・ジョーダンは、「教育は、経済的にも政治的にもエンパワーメントの鍵である」と宣言しています。◆65考えてみれば、歴史上、教育はエンパワーメントと密接な関係にあります。

（2）協力者から「教師として、突き刺さる言葉でした。自身のアイデンティティーと言えるし、『自分が教師をやる意味』『交換不可能性』や固有性を示すものでもあるように思いました。こうした話を職員室でしたいです」というコメントがありました。

（3）エンパワーする、ないしエンパワーメントは、「力を与える」や「権限を委譲する」と訳されることが多いのですが、本来は「人間のもつ本来の能力を最大限にまで引き出す」ことなので、本書ではカタカナを使います。

ある時、私たちは、カナダのブリティッシュ・コロンビア州にあるサマーランド中等学校[4]のスタッフと一緒に、エレベーターピッチについて探究しました。アラン・ステル校長と私は「なぜサマーランド中等学校に通うのか?」という問いをスタッフに投げかけました。そして、職員会議のかなりの時間を割いて、スタッフそれぞれのエレベーターピッチをつくってもらいました。その結果、バラエティーに富んだ、とても魅力的なエレベーターピッチができました。

「サマーランド中等学校は、生徒がどのような道を選んでも成功できるように、スキルと自信をつける手助けをしています」

「サマーランド中等学校は、すばらしいチャンスにつながる多様性を確保できるぐらい大きく、同時に親密なコミュニケーションを取ることができるぐらい小さいです。私たちは、現状と古き良き伝統とをすべての分野においてバランスよく織り交ぜてカリキュラムを提供していきます。それは、生徒たちが既知と未知のチャレンジに向かうための土台となっています」

「小規模で、必要な支援は何でも受けられる。革新的、創造的、そして柔軟で……まるで『チアーズ[5]』のような場所。そこでは誰もがあなたの名前を知っている」

私自身も教育についてのエレベーターピッチづくりに取り組んできました。そして、少し前にたどり着いたのが次のような言葉です。

「私は、本物の学習体験と生徒中心の評価方法を通じて、生徒をエンパワーします。生徒が自信をもって学べるように、また、生徒たちがどのような状況にも対応できる人間になれるように、生徒と有意義な関係を築いていきます」

このエレベーターピッチを、私は一〇回以上も書き直してきました。しかし、何度書いても「評価」という言葉を削除することはできませんでした。そして、なぜ「評価」が生徒中心でなければならないのかということも。

（4）　カナダの学制は州によって異なり、アルバータ州は日本と同じ六・三・三制ですが、ケベック州は六・五制、著者が働いているブリティッシュ・コロンビア州は七・五制になっています。中等学校は五年制の学校のことです。

（5）　チアリーディングに青春を掛ける高校生の、恋と奮闘を描くアメリカ映画。二〇〇〇年制作。

「評価」とは、学びについての本質的な言葉です。目的を確立し、学習目標を定義すること、そして生徒の成長を評価し、報告することまでを含むものです。ディラン・ウィリアムの言葉を借りれば、それは「教えることと学ぶことを橋渡しするもの」です[127]。

私は、自分の子どもたちに数え切れないほどのことを教えてきました。アイススケートをすること、自転車に乗ること、トレーラーをつないだ四輪バギーをバックさせることなど。それぞれの経験には、目標や目標を達成するための基準、評価方法、フィードバックといった評価に関する項目がたくさん含まれていました。私がアイススケートで傷めた腰は回復しませんでしたし、子どもたちは四輪バギーの練習で、何度もかんしゃくを起こしました。そのまま放り出していってしまうこともありました。しかし、最終的に子どもたちはスケートを滑れるようになりましたし、四輪バギーのバックも習得できました。評価すること自体はもちろん、そこに含まれるいろいろなことのおかげです。

評価、すなわちアセスメント（assessment）の語源はラテン語で「隣に座る」という意味です。この「隣に座る」ということを、よく考えてみてください。しかし、世界各地の学校で行われている実際の評価は、このアセスメント本来の意味を反映しているとは思えません。非常に長い間、評価とは生徒と「一緒に」行うものではなく、生徒に「対して」行うものでした。生徒たちは、生気のない存在として評価されるべきではありません。学習プロセスにおいて、生徒は「従業員」ではなく、「共同経営者」になる必要があります。

さらにいえば、これは生徒としてではなく、人間としての問題です。つまり、自分がどのようなスタンダード(6)を用いてどのように評価されるのか、さらには評価の結果について自分の意見を付け加えることができるのかを知りたいということなのです。実際のところ、もし、あなたが生徒だったら、次のエレベーターピッチにどれだけ興味を惹かれるでしょうか。

「こんにちは、みなさん。これからしばらくあなた方の授業を受け持ちます。そして、まあ来週ぐらいかな、それくらいにはみなさんを評価するつもりです。私がしっかりと教えたあと、その内容をどれだけ思い出せるかを他の人と比較し、点数を付けます。その点数は、あなたの将来を劇的に変えるかもしれません。がんばってください！

ああ、言い忘れていましたが、あなたの行動や人との接し方、努力の具合などが、あなたが私の教えたことを理解しているかとは別に、点数に影響することもあるかもしれません」

(6)　アメリカやカナダのスタンダードは、上に州レベルに決定権がありますが、日本におけるスタンダードは、文部科学省が出している学習指導要領といえます。これは特定の時期に知ることやできることが求められる「到達目標」であり、教師に対しては「指導事項」の形で書かれたものです。本書ではLearning standardという言葉も頻出しますが、それは「学びのスタンダード」と訳します。

こんなエレベーターピッチでは、あなたを（生徒も）惹きつけることはできないでしょう。この「エレベーターピッチ」は、私の教師としてのキャリアにおける、最初の一〇年間の評価方法を要約したものです。明らかに、これは変える必要がありました。

学習者を中心にした評価で助けになること

学習者を中心とした評価モデルには十分な裏づけがあります。その一つが経済協力開発機構（OECD）によるものです。OECDは、「世界中の人々の経済的・社会的福祉を向上させるための政策を推進する」ことを目的とした国際機関です。オーストラリア、カナダ、イタリア、アメリカをはじめとする三〇か国以上が加盟しています。本部はパリにあり、情報経済社会における教育の新たな展開や問題に対して、各国政府が対応できるよう、この一〇年間活動してきました。『革新的な学習環境に関するハンドブック』の中で、OECDがもつ、多国籍の研究機関は、学習環境をデザインするための七つの原則を提示しています。ありがたいことに、その中で「学校や教育委員会が、これら七つの原則すべてに同じ優先順位で取り組もうとするのは非現実的である」と述べられています。七つの原則の中から三つを抜き出してみましょう。これらは、私たちの目的である「生徒が評価において中心的な役割を果たすことを支援する」ためのものです。

・評価において中心的な役割をもつのは、学習者であると周囲が認識する。
・学習環境においては、学習者の個人的な違いに敏感に対応する。
・学習環境は、学習者に期待される明確な目標をもって運営される。また、それらの目標と一致する評価方法が展開される。◆97

ハッティは、生徒の学力に影響を与える要因の研究をまとめた『学習に何が最も効果的か―メタ分析による学習の可視化【教師編】』という画期的な本の中で、一五〇の要因について順位づけをしています。◆60

その中で、学力に影響を与える最も大きな要因は、「生徒の自己報告による成績評価」です。つまり、生徒は自分の理解度や達成度を信じられないほど正確に予測しているということです。ハッティは、それについてシンプルな言葉で語っています。「生徒を評価するとき、それに最もふさわしいのは生徒自身なのです[7]」

評価についての会話で最も重要な主体は生徒であるということを研究は示唆しています。しか

（7）訳者の一人である、吉田新一郎の著書『テストだけでは測れない！』も参考になります。「評価は、必ずしも教師によってのみ行われることが効果的なわけではありません。一番大切なのは、自分が自分のことを分析して納得する『自己報告』でしょう。たとえどのような評価を周りの者が下そうが、最終的には、良くするも悪くするも各自の判断ですから」（38ページ）とあります。そして、実際にそれが行われている事例が126～130ページで詳しく紹介されています。

し、従来の評価モデルの多くが、生徒の声をほとんど無視しているのはなぜでしょうか。

　ここで生徒の声を聞くことが何をもたらすのか考えてみましょう。

　ウィリアムは、『埋め込まれた形成的評価（未邦訳）』の中で、生徒のニーズに応じた教育を行うべきだと力説しています。これは生徒が評価に関わらない場合には不可能なアプローチです。◆[127] 彼は、評価システムの基礎となる五つの要素を挙げています。そのうち次の三つが生徒自身による評価に関連します。

・学習意図や目標を達成するための基準を明確にし、共有し、生徒が理解すること。
・生徒がお互いを教え合い、学び合う人材として活発に活用し合うこと。
・生徒が自分自身の考えをつくり出すのを促進すること。

　生徒が評価に参加することは、大きな副次的効果ももたらします。『プロジェクト学習をデザインする（未邦訳）』の中で、著者のマイケル・マクダウェルはこう強調しています。生徒の成長の支えとなるのは自分自身の成長を把握し、より高い達成のための行動を選ぶことだ、と。◆[84] ＯＥＣＤの原則や、ウィリアムが示した要素と同じく、マクダウェルは「自らの成長を評価できる学習者」を育てるために、学習者自らが次のように問うことを勧めています。

・私はこの学習によって、どこへ行こうとしているのか？
・私は今、学習のどこにいるのか？
・自分の学習について、改善すべきことは何か？
・自分や他の人の学習を向上させるにはどうすればよいか？(8)

生徒を評価に関わらせることは、やる気、自信、自己管理能力、パフォーマンス(9)の向上につながります。評価のための面談の際、生徒が中心にいなければならないのはなぜかということについて、コニー・モスとスーザン・ブルックハートは説得力のある議論を展開しています。◆90

「学習を自分のものとして考える生徒は、決定したことや作業の結果を自分の責任として引き受けられます。これは、学習の評価や自己管理能力、そして自らが有能な学習者であるという認識を徐々に高めることにもなります。その結果、学習へのモチベーションも高めることになる

---

(8)　以上の四点を分かりやすく図化したものがあります。それは評価の本質を描いたものでもあります。入手希望者は、訳者の吉田が主宰する pro.workshop@gmail.com 宛にお問い合わせください。
(9)　第3章の「ルーブリックは何のためにあるのか？」(90～94ページ)をご参照ください。

のです」

これらの研究成果をさらに掘り下げてみると、生徒が評価に関わることは、やる気や自信を高めるだけに留まらないことが分かります。生徒が評価の要素を理解し、さらにその目的を理解することは、パフォーマンスの向上に直接関係してくるのです。[16]

生徒が評価について以下のように考えている場合、評価とパフォーマンスの間にはポジティブな関係があります。[17]

①評価は、正しく成績を決定するのに役立つ。
②自己管理能力の向上に役立つ。
③教師が教え方を修正したり改善したりするのに使われる。

一方、もし生徒が、評価について、因果関係が不明なもの、実体のないおべっかのようなもの、生徒自身がコントロールできない外部要因を反映しているもの、学校自体の質に関係しているものと認識している場合、生徒のパフォーマンスは低下します。[15]

生徒の声と選択――生徒を中心にした評価の鍵となるもの

評価［アセスメント］が「隣に座る」ことを意味するのであれば、文字通り、自分の椅子をテーブルの反対側、すなわち生徒の隣に移動させて、語り合う必要があります。テーブルの向こう側から、学習成果を挟んで、何が正しくて、何が間違っているのかを伝えるのではなく。評価とは、学習目標に対してどのようにアプローチし、どのように評価し、どのように表現するのがベストなのかを教師と生徒が一緒に考えるプロセスなのです。

生徒にとって理想的なのは次のようなことです。

・一定の期間内で自らの理解を表現できること。
・実例を挙げ、課題やそこから学んだことについて説明できること。

このように、教師と生徒が学習[10]におけるパートナーになったら、どんな変化が起こるかを想像してみてください。

(10) ここでの学習には評価も含みます。というか、同義として捉えられています。

声のパワー

ラッセル・クワグリアとマイケル・コルソーは、『生徒の声――変化の手段（未邦訳）』という本の中で、先に述べた生徒と教師のパートナーシップは、生徒の声を元にしてつくられるべきだとしています。生徒の声は実際的で価値のあるものなのです。◆103 教育者として、生徒の声に耳を傾けていると私たちは思うかもしれません。しかし、クワグリアらは私たちの伝統的なアプローチに疑問を投げかけ、変革のための課題を提示しています。二人はこう書いています。

「確かに、学生の抗議行動、デモ行進、座り込み、授業放棄などはありました。しかし、私たちが言っている『声』とは、純粋な意見、本当の意見の表明のことです。これは、何かに反射的に反対するといった『声』ではありません。むしろ、学習において、より高いレベルを達成するために主体的に意見表明する『声』なのです。ここでは、純粋な声、本物の生徒の声について――言い換えれば教師が生徒に意見を求め、その言葉にほんとうに耳を傾けることについて語っているのです。それは、生徒が学んだことを教師たちが受け入れること、そして、生徒たちを教室と学校におけるリーダーとすることなのです」

生徒の声は、とても力強いものになりえます。二〇〇九年から二〇一八年までの一〇年間に、クワグリア・インスティテュート(11)が、三四州、八二〇校の四五万人以上の生徒を対象に調査した結果、生徒が自分の声を発信しているとき、次のようなことが起こることが分かりました。◆102

・学校で自分の価値を実感する可能性が三倍高くなる。
・学校生活に夢中で取り組む可能性が五倍高くなる。
・学校で目的意識をもつ可能性が五倍高くなる。

生徒の声は、学習において強い力を発揮します。しかし、それにもかかわらず、生徒の年齢が上がるにつれて、教師とのパートナーシップが維持できなくなることを統計は示唆しています。二〇一二年から二〇一三年にかけて、ピアソン財団は、六年生から一二年生までの六万人弱の生徒を対象に「自分の声」と名づけた調査を実施しました。この調査によると、中学に入学したばかりの六年生(12)の六一％は「自分の声を発信できる」と感じていました。しかし、一二年生に

(11)　生徒、教師、管理職、保護者の声を教育に活かすことを目的にした非営利研究所です。
(12)　アメリカの高校は九〜一二年生までの四年間と決まっていますが、中学校は教育委員会によって七〜八年生、六〜八年生、小中一貫などさまざまです。日本の学年に合わせることができないので、本書では一二年間の通しの学年表記にします。

なると、それは三七%にまで減りました。また、「学校での意志決定において生徒に発言権がある」と感じているのは四六%にすぎず、「教師が生徒から学ぼうとしている」と考えているのは半数強にすぎないという結果も出ています。(13) ◆101

もし、私たちが立ち止まり、充分かつ真剣に生徒の声に耳を傾ける時間を取るならば、生徒たちは今何が起こっているのかを教えてくれるでしょう。生徒たちが求めているのは、自分の学習に関する考えや意見、反省点を共有する機会と手段です。あなた自身が話しているとき、生徒の話を聞くことはできません。私たち教師はたまには話すのをやめて「生徒の声に耳を傾ける時間をつくる」必要があるとハッティが主張するのは、そのためかもしれません。

本書では、評価プロセスのすべての段階で、生徒の声を取り入れる方法の具体例を示します。また安心できる環境の中で、共有と振り返りを行う方法を探究します。生徒をエンパワーし、生徒の声を歓迎する評価ツールや方法を紹介します。たとえば、私のクラスで「シェアリング・サークル」を取り入れたところ、サークル自体や活動後の会話など、教室の学習環境が一変したのを経験しました(シェアリング・サークルについては、228〜240ページを参照してください)。

生徒の声に耳を傾けることで教育実践にどのような変化がもたらされたかを、多くの教師から教えてもらいました。

ここで、ミネソタ州のある教師から聞いた例をお話ししましょう。

彼女の娘とその友人は一緒に宿題をしていました。娘はある疑問で立ち止まり、友人に数学の重要な概念を説明しようとしました。彼女が説明を始めようとしたところで、友人が話を遮りました。「ねえ聞いて、私にはそんなことを学んでいる時間はないの。私に必要なのはとにかく宿題を終わらせることなの」

いままでの宿題のやり方を変える必要について、これ以上の「エレベーターピッチ」があるでしょうか？　繰り返します。私たちは、ただ立ち止まり、生徒たちの声にほんとうに耳を傾ける必要があるのです。

さらに最近では、学習体験について生徒の話を聞くことが、教師以外の人々の間でも課題となっています。たとえば、新型コロナウイルス感染症のパンデミックの時期における家庭学習では、保護者が子どもの教育の最前線に立っています。保護者が、カリキュラムを提供したり、学習目標をどれだけ達成したかを評価したりするのです。おそらく、現代の教育において初めて、大勢の親が、子どもが学んでいることについて、その考える過程に直に触れ、子どもにとっての「価

(13)　この数字は重いです。多くの教師にとって、生徒から学ぶという意識はとても低いのです。教室で困難を抱えたとき、教師はその解決策を生徒に聞こうとはしません。生徒にとっても、教師にとっても、これは実にもったいないことです。でも、最後の数字は、予想以上に高いと思いませんか？　同様の調査を日本でもしたら、あなたはどのような数字が出ると思いますか？

値のある困難」[14]を目の当たりにしています。そして、子どもが問題について考えるのを助けることが、答え合わせ以上に大切なのではないかということに気がついたのです。
妻のトレーシーが当時一〇年生の息子、エリアの数学を教えるために苦心惨憺《さんたん》している間、私は「敵前逃亡」していました。世界的に見ても、コロナ禍の長期的な影響には興味を惹かれます。なぜなら、世界中の親たちが、学習をどう語るかについて考えないわけにいかないからです。わが家を例にとるなら、「宿題は終わったの?」「今日は学校で何をしたの?」といったお決まりの質問から進化するかもしれません。何百万もの親とその子どもたちは、何を、どのように、そしてなぜ学ぶのかについて、より洗練された会話を求めるようになるかもしれないのです。

生徒は、自分の学習状況を報告できる唯一の存在です。ですから、生徒たちに問うことは必須です。ブリティッシュ・コロンビア州サーモンアームで数学を教えているデイヴ・ファン・ベルゲイク先生に初めて会ったとき、彼が微積分を選択した生徒一人ひとりと会い、たくさんの「証拠」と会話に基づいて、成績を決めていることを知りました。私は即座に言いました。「ほんとうに?あなたは生徒と交渉して最終的な成績を決めているのですか?」と。数学のベテラン教師が生徒との会話によって成績を決めているなんて驚き以外のなにものでもありません![15]
ファン・ベルゲイク先生と出会って間もなく、何人かの同僚と私は、非公式に「会話ベースの成績評価」というシステムをスタートさせました。私が、授業科目である「リーダーシップ」の生徒に自分の進歩についてコメントする機会を初めて提供したのとほぼ同時期に、同僚のマーニー・メネル先生も「食品」の授業を受ける生徒に自分がよくできたことや、課題を共有するように求めていました。トロイ・スタバート先生は「自動車と金属」の授業で、生徒に自己報告の機会を与え、レイチェル・スタバート先生は数学の生徒に形成的評価と総括的評価の両方で進捗状況を追跡し、自己報告できるよう門戸を開きました。この時には、私たちが新たな世界を切り開いているように感じました（本書では、このような変化を反映したワークシートや資料が数多く紹介されています）。[16]

私は、サマーランド中等学校の生徒が自分の学習について自己評価することが良い影響をもたらしているのではないかと思い、彼らに質問してみました。その回答の一部を紹介します。

「単に自分はどのくらいできているのかということや、先生が想像した私の考えを示す通知表が

(14) 苦労して物事を思い出したとき、それは記憶に深く、はっきりと刻み込まれます。このように苦労して思い出すことでもたらされる長期的な学習への効果をロバート・ビョークは「価値のある困難」と呼んでいます。◆11

(15) ファン・ベルゲイク先生については241ページからも参照してください。

(16) 形成的評価と総括的評価についてはC・A・トムリンソン、T・R・ムーン著、山元隆春他訳『一人ひとりをいかす評価―学び方・教え方を問い直す』で分かりやすく説明されています。

返却されるだけではありません。先生に実際に何が起こっているのかを理解してもらえます」（ザビエル）

「私は自分のことを知っていますが、先生たちは私のことを知っていると思っているだけです」（モーガン）

「私が自分のことを知っているようには、誰も私のことは知りません！」（マレイナ）

生徒たちのコメントには説得力があります。本書は、学習に関するすべての会話——とりわけ評価に関するもの——に生徒を参加させ、エンパワーすることを目的としています。生徒たちが理解したことを明確に表現、評価し、報告する機会がつくられる時がやってきました。教師にとって、今がその時です。今こそ、生徒の声を聞く場をつくり出すべきなのです。

選択の重要性

エンパワーメントと夢中で取り組むという観点から見ると、声を発することと選択することは切り離せない要素です。(17) それは、私たち全員に当てはまります。二〇世紀は、職業や教育の機会、食べものやエンターテイメントなど、さまざまな分野で選択肢が爆発的に増えました。私自身の人生をたどってみるだけでも、選択肢の広がりには驚かされ、いささか呆然とさせられます。子どものころ、私は三つのテレビ局を「チャンネル・サーフィン」していました。賭けてもいいですが、私は「サウンド・オブ・ミュージック」を八回は観ているはずです。ほかに選択肢がなかったのです！　私の子どもたちは、どうして私が「ドレミの歌」を暗唱できるのか、理解に苦しんでいるかもしれません。「ファはファイトのファ」と歌えることには、限られたテレビチャンネルが大いに影響しています。「ドレミの歌」を同じように歌えるあなたも、同じように選択肢が限られていたのではありませんか？　今では、観たい番組を何百ものチャンネルから選ぶことができますし、動画配信の選択肢も多すぎます。

生徒たちは、選択肢であふれている世界を生きています。しかし、学校はその例外です。ゲイル・グレゴリーとマーシャ・カウフェルトは、『意欲的な脳（未邦訳）』の中で、年少の学習者の多くが、全日制保育所や幼稚園のもつ、探究的な特性から恩恵を受けていると指摘しています。◆52　しかし、そういった子どもたちが得ている語彙の増加や社会性の向上などの学習効果の多くは、高校生になるまでに消えてしまいます。それは一～八年生までの「講義形式」のやり方によるものだと示

（17）　これらの要素について興味のある方には、『あなたの授業が子どもと世界を変える——エンパワーメントのチカラ』がお勧めです。

唆しています。[◆18] おそらく、今は保育所や幼稚園の実践から学び、教室で生徒に選択肢を提供することで、学びを活性化するときなのでしょう[18]。

「声を発すること・選択すること」を生徒に提供することについて、基本的に議論の必要はありません。エンパワーメント、夢中で取り組むことに「声を発すること・選択すること」がどのような役割を果たすか、自分自身のこととして考えてみてください。私たちは、型にはまった環境ではなく、自分の声が尊重され、選択肢が与えられる環境を選ぶのです。

この本の構成

生徒を中心とした評価へのアプローチは、始めから終わりまで論理的で明確なステップを踏むべきです。もちろん、その過程で創造性を発揮する余地は十分あります。本書では、生徒を中心にした、基本的・実践的な評価計画を示します。次章以降では、次のような具体的な事柄を説明します。

・生徒中心の学習目標を生徒と共につくり出し、共有すること。
・目標達成のための基準[19]と継続的なパフォーマンス評価を提供するために、スタンダードと結びついたルーブリックを使うこと。
・信頼性が高く、公正で、良識的な成績評価システムを考案すること。
・生徒が評価について自ら語る仕組み(20)を設計すること。

それぞれのテーマを取り上げながら、従来の評価方法の問題点を指摘していきます。そのテーマ内で、生徒を中心とした評価システムを支える研究やコンセプトについても考えていきます。また、小・中・高の各学校で教師が生徒をエンパワーし、夢中で取り組ませている事例や、生徒中心の評価を形成するためのツールを紹介します。生徒の声や選択、自己評価、自己報告をどの程度採用し、促進しているかによって、個々のツールやアイディアを、私たちは絶え間なく検討

---

(18)　ここに書かれていることについて、詳しくは下の二次元コードで読める情報（ＰＬＣ便り・二〇二二年一二月一八日　特に、一番下で紹介されている二つの動画）をご覧ください。

(19)　ここで「目標達成のための基準」と訳した「success criteria」は、目標に対する達成度を測ると同時に、目標達成を実現するための方法も提供する基準のことを指します。

(20)　単に、生徒が自分の成績を教師に伝えることを越えた、保護者や他の人にも自分の学んだことを説明し、新たな目標までも表明するような場として捉えたいです。それを一番イメージしやすいのは、「生徒中心の三者面談」です。通常の教師が話し役になって、生徒と保護者が聞き役になるようなものと違い、主役は生徒です。これについて詳しくは、『（増補版）考える力」はこうしてつける』（特に、168〜170ページ）をご参照ください。

することになるでしょう。

❖❖❖❖❖

最初のエピソードに戻ります。もしあなたがスカリーの立場だったら、ジョブズの問いかけを無視することができたでしょうか？

「このままずっと砂糖入りの水を売り続けたいか？　そうじゃなくて、私と一緒に、この世界を変えてみたくはないか？」

拡大解釈で恐縮ですが、私たちは自分自身にも同じような問いかけをすべきかもしれません。「私たちは、テストや採点、成績の通知などの大事な作業から子どもたちを閉め出し続けたいのか、それとも、評価の領域に子どもたちを真剣に参加させる方法を探究したいのか」と。

評価の過程の中で、生徒をエンパワーすることができます。私たちは、なぜ生徒を中心にした評価が重要なのかということを示した後、どのようにしてそれが実現できるのかを探究する必要があります。その意味で、この本にはエレベーターピッチが必要でしょう。私は次のように提案します。

私たちは、評価のもつあらゆる可能性を通して、生徒を学びに熱中させ、エンパワーします。そのためには、生徒自身の声、選択すること、自己評価すること、自己報告が不可欠です。

生徒たちに今こそ語ってもらいましょう！

第2章

生徒中心の学習目標を生徒と共につくり出し、共有する

生徒が自ら夢中で取り組み、
理解する形で学んでほしいことを、
どうすれば明確に示すことが
できるでしょうか？

ティム・フェリスの『タイタン［大物］たちのツール──億万長者、アイドル、国際的なスターたちがとっている戦略や習慣（未邦訳）』[46]という本を読んだことがありますか？　もし、まだであれば、すぐに読むことをお勧めします。

フェリスがこの本で取り上げた数多くの「タイタン」の中でも、飛び切り凄いのがジョー・デ・セナです。ウォール街でストレスにつぶされそうになったとき、彼がやったのは生きるための基本に立ち返ることでした。すなわち水と食料そして住居だけを求めたのです。ここから「死のレース」が誕生しました。

私は「死のレース」に参加したことはないし、参加するつもりもありません（レースに参加するぐらいなら、コンクリートの塊をかじる方がまだましです）。どれほど「死のレース」が過酷なものか、紹介しましょう。

たとえば、非常に困難な状況下で信じられないほどの距離を走ったり泳いだり、その途中で木を切ったり、古い木の切り株を掘り起こしたり、山の上に積み上げられた軽量コンクリートのブロックを移動させたりするのです。[41]また、デ・セナは、政府から「敷地内の川から一トンの鉄骨を撤去しなさい」という命令を受けたとき、業者に何千ドルも払う代わりに、撤去作業を一月に実施したレースの課題にしたのです。つまり、選手たちは高額な参加費を払って、八時間も凍った水の中で鉄骨を撤去させられたのです。

デ・セナは、「選手を途中で棄権させる」ためにレースを組み立てています。通常のレース主催者は、参加選手の半数以上が途中で棄権したらがっかりするでしょう。しかし、デ・セナは違うのです。著者であるフェリスは「死のレース」について次のように言っています。「デ・セナは八人の参加選手のうち五人が棄権したとき、自分のレースのコンセプトに満足するのだ」。

　棄権させる方法は、少しひねくれてはいますが、単純なものです。たとえばレースが始まると、デ・セナは死にそうになっている選手から水を奪ったり、コース途中にバスを戦略的に配置したりし、「ここでやめてもいいんだよ。このレースはあなたには合わないよ」という看板やアナウンスでレースを棄権するように仕向けます。そして、参加選手の二〇％だけが完走できるように設計しているのです[41]。

　元オリンピック選手が、このレースは「まったくもってバカげている」と涙を流しながら棄権した時、デ・セナは大喜びしました。また、あるマラソンランナーは、木を切ることがレースとどんな関係があるのか理解できず、大いに憤慨していました。

「死のレース」は選手に疲労感や焦燥感を思い切り与えて、レースを続ける気持ちを失わせるという巧妙なものです。レースを完走できるかどうかのギリギリのところで、とんでもない葛藤や混乱を与えるのがデ・セナの狙いなのです。しかも、デ・セナはこの趣旨を公表しています。レースの共同創設者のアンディ・ワインバーグはこう言っています。「私たちの目標は、感情的にも、精神的にも、肉体的にも、人を壊すことだ。私たちは最初からそう言っている」。[41]

彼らは選手を棄権させるために、レースの重要な情報を意図的にあいまいにし、誤解を招くような説明をすることがあります。たとえば、何の予告もなしにレースを開始し、選手を驚かせたりイライラさせたりします。[46]

また、たとえそれが助けの手を差し伸べるような申し出であっても、選手はうかつに受け入れてはいけないのです。以前、山積みの軽量コンクリートブロックを移動させる際に「手押し車を使ってもいいし、手で運んでもいい」と競技役員が言ったことがありました。そこで手押し車を選んだ選手は、とてもがっかりさせられました。なぜなら、手押し車は組み立てられておらず、梱包されたままの状態だったからです。もちろん手押し車を組み立てる道具もありませんでした。[41]手押し車の部品一式と軽量コンクリートブロックを引きずって、人里離れた坂道を上っている時、やっと選手は自分の判断が間違っていたことを悟るのです。高額な参加費を払って、コンクリートの塊を山に運んでいる惨めな姿を想像してみてください。

組み立てられていない手押し車のアイディアは、巧妙であると同時に、ひねくれています。選手がデ・セナにお金を払って彼の土地を片づけていると思うと、苦笑せざるを得ません。でも、このように下劣で悪意のあるやり方はさておき、「死のレース」にはもっと苛立たせる要素があります。デ・セナはどこがゴールなのか、いつレースが終わるのかを参加選手に教えません。つまり、彼らには目標がないのです。この目標がないことが、「死のレース」を困難なものから、さらにどうしようもなく絶望的なものへと変えているのです。

「死のレース」の話を聞いて、私は自分自身の教え方や信念について、次のような疑問を抱きました。

・学習目標は、生徒にとってどれくらい明確になっているだろうか？
・生徒は、自分の学習方針を決定する機会をもっているだろうか？
・私は民主主義を唱えながら、その一方で評価の独裁者のように振る舞っていないだろうか？

学習は「死のレース」ではありません。学習目標は不明瞭であってはいけないのです。私たちは、学習目標を明確にし、共有し、可能であれば、生徒と共同でつくり上げる必要があります。これは、生徒が興味をもち、力を発揮する評価プランをつくる上で、最も重要な要素です。学習目標は、授業の設計に役立つだけではなく、生徒がどの程度目標を達成したかを判断する基準となり、成績を通知する際の基盤となります。

学習目標を生徒と共有することの重要性はよく知られています。モスとブルックハート[1]は、『学習目標——今日の授業で生徒たちが理解できるように助ける（未邦訳）』の中で、「学習目標がな

（1）この二人および43ページまでにに登場する八人は、評価や成績に関して有名な本を執筆している人たちです。

ければ、教師も生徒も管理職も、誰も生徒の学習について情報と証拠に基づいた決定をすることはできないだろう」と書いています。[90]

アン・デイヴィーズは、『授業評価を機能させるには（未邦訳）』の中で、「教育システムには文書で学習内容が大まかに定義されているが、教師はその何百もの文書を親や生徒が理解できる言葉に翻訳し、要約しなければならない」と述べています。[32] トム・ハイアークとガース・ラーソンは『効果のある成績のつけ方（未邦訳）』[61]で、私たちのスタンダードを生徒が理解しやすい学習目標に分解することを提案しています。ケン・オコーナーは『学びを促進する成績のつけ方（未邦訳）』の中で、「成績は学習目標に直結していなければならない」とし、生徒は「学習目標を明確に理解し、自分が何を知り、理解し、何ができるようになることが期待されているのかを知る」必要があると述べています。[94]

このように説明すると、ほとんどの教師は「それはスタンダードに基づいた成績評価のことですね」と言うでしょう。そうです、この本で「学習のねらい」と「学びのスタンダード」という言葉は、同じ意味をもつものとして使っています。しかし、ひとつ大事な点があります。それは、学習のねらいや学びのスタンダードは必ずしも、生徒にとって有用な学習目標ではないということです。

ここでは、学びのスタンダードを生徒が理解できる学習目標に変換する方法について簡単に説明します。詳しく知りたい人は、ロバート・マルザーノとマーク・ヘイステッドの『スタンダードを教室で使いやすいようにする（未邦訳）』◆78 や『効果のある成績のつけ方』◆61 をご覧ください。

学びのスタンダードを生徒にとって有用な目標に変えるには、「何を」と「どのように」を区別することがとても重要です。たとえば、ワイオミング州の四年生の理科の教師は、ワイオミング州のどの学校でも同じ内容を教えます。学びのスタンダードで「何を」を特定するのは比較的簡単です。しかし、学習目標を明確にした上で共有し、さらには共同で作成する方法、つまり「どのように」を決めるのは難しいことです。しかも、それはとても重要なのです。

デ・セナの「死のレース」で言えば、「何を」はA地点からB地点に行くことです。「どのように」は選手から経験を奪い疲弊させる方法のことです。デ・セナがレースを「どのように」構成するかは、彼の目的や使命を明確に表しています。同じように、教師が学びのスタンダードを生徒中心の目標となるようにどのように変えるのか、そしてそれを生徒とどのように共有したり、共同で作成したりするかは、いくつかの重要なポイントがあります。ここでいう「どのように」とは、次のようなことです。

・学習の方向性と目的を生徒に明確に伝える。
・決められたスタンダードに従っていることを確認する。
・振り返りによって、学習経験の深さを反映させる。

・学習のプロセスにおいて、生徒がどれぐらい発言し、選択できるかを決定する。
・生徒がさまざまな方法で、自分が学んだことを実証できるように助ける。

評価の過程[2]を通じて、学習目標は変化しつつ、生徒の学びをどのようにして成績としてつけたり、評定を下したり、報告〔通知〕したりするのかが定まっていきます。その上、生涯にわたって使える能力をどのくらい身につけたのかも明らかにします。[3]これについては後ほど詳しく説明します。まずは、「何を」から始めましょう。

学びのスタンダードと学習目標の違い

教育に関するさまざまな議論、政策、文書では多様な用語が使われていますが、その中には混乱を招くものも少なくありません。その一例が、「学びのスタンダード」と「学習目標」です。前述のモスとブルックハートは、次のように区別しています。◆90

学びのスタンダード[4]
・教師の視点で書かれている。

・カリキュラムやユニット全体の成果を統一するのに役立つ。
・大枠が一般的な形で提示されている。

学習目標(5)
・学習者の視点で書かれている。
・授業単位の個別情報で構成されている。
・具体的である。

さらに理解を深めるために、スタンダードと目標について詳しく見ていきましょう。

(2) これは、形成的評価の積み重ねによって総括的評価が定まるという意味ではありません。また「学習目標」も学習の過程における生徒と教師の対話、フィードバックなどによる形成的評価によって変化します。その具体的な例は198～202ページをご参照ください。
(3) いま日本で行われている評価は、こういったことがどのくらい考慮されているでしょうか?
(4) 次の三項目から、日本の学習指導要領に相当することが分かります。
(5) 学習指導案は、次の三項目を満たしているでしょうか? とくに、一番最初の項目は? 依然として、指導(教師)中心に書かれていないでしょうか?

学びのスタンダード

学びのスタンダードや学習のねらいでは、ほとんどの場合、国や州、インターナショナルスクールによって、教科ごとにどの学年で何を教えなければならないか決められています。対象にしたい地域〔州ないし国〕の名前と学びのスタンダードをインターネットで検索すると、幼稚園から一二年生までの学習のねらいが分かります。

テキサス州の学びのスタンダードはＴＥＫＳ（テキサス州の必須知識とスキル）と呼ばれています。ウィスコンシン州では「教室で生徒が何を知り、何ができるかを明確にし、指導と学習の目標とする」というウィスコンシン学力スタンダードがあります。また、将来、スイスに住みたいと考えている人は、スイスの二六の州がそれぞれ高校までの学びのスタンダードを管理していることに興味があるかもしれません。スイスでは成果スタンダードと呼ばれていて、アメリカの「各州共通基礎スタンダード」[6]と同じように各州の学びのスタンダードを統一するものです。これは「生徒が達成すべき教科に関する技能レベルを示し、測定可能でテスト可能なもの」です。

多くの地域の学校や教育委員会では、スタンダードに基づいた、あるいはスタンダードを参照した成績評価を検討したり、取り入れたりしています。最もわかりやすい方法は、スタンダードをリストアップして生徒がどの程度それを満たしているかを評価することです。すべてこのように簡単にできればよいのですが、そうはいきません。前述のマルザーノらの『スタンダードを教室で使いやすいようにする』では、州や国のスタンダードをそのまま使用することについて、次の二つの重大な問題点を指摘しています。◆78

・項目が多すぎる。スタンダードには教師がカバーできないぐらい膨大な数の項目がある。ある試算では、決められた学習成果をすべて達成するには、教師が生徒と接する時間を七〇％以上増やす必要があるといわれている。

・スタンダードが混在している。多くのスタンダードでは、一つの記述に複数の指標が含まれているため、正確な評価が難しい。一つの次元が他の次元と一緒になっている場合、教師はどうすれば正確に評価し、フィードバックすることができるのだろうか。たとえば「生徒はアメリカの一三の植民地の位置と、それぞれのイギリスの支配に対する主な問題点を知る」というスタンダードには、明らかに地理的な位置と植民地の問題という二つの異なる項目が

(6)　通称「コモン・コア」と呼ばれています。州ごとにスタンダードが違うのはよくないということで、全米知事会と全米州教育長協議会が音頭を取って作成された全米共通の学習達成基準です。ほとんどの州がすでに受け入れています。教育の分権を唱えているので、間違っても日本のように国が音頭を取って統一した基準を出すわけにはいきません。

組み込まれている。

州や国のスタンダードが、学習目標としての使用に適している場合もあります[78]。次のような例を考えてみましょう。

・情報を入手して組み合わせ、世界のさまざまな地域の気候について説明する（全米理科教育協会の次世代理科スタンダード、三年生）。

・独立宣言、憲法、およびその他の基本文書から、アメリカの主要な理想と原則を理解する（ワシントン州の学びのスタンダード、二〇一九年）。

このような目標であっても、そのまま生徒に示すには少々無理があります。実際に読んでみると、ほとんどの場合、学びのスタンダードは教師のために書かれていることに気づきます。私たちのねらいは、学びのスタンダードが生徒のために書かれ、使われるよう、変えていくことです。

学習目標

前述の『学習目標』の中で、モスとブルックハートは生徒と教師の両方の視点から学習目標を次のように定義しています。◆90「授業で生徒に何を学ばせ、何を達成させようとしているのかを、言葉、絵、動作、またはこれら三つの組み合わせによって、生徒に分かりやすく説明したもの」。さらに、「学習を計画し、その質をモニターし、評価し、改善する」のに役立つとも書かれています。二つ目の定義は主として教師を対象としていますが、学習目標は教師であれ生徒であれ、「学習を計画している人」を支援するものとより広く捉えることができます。

明確な学習目標に慣れてしまった教師の立場からすると、指導や採点、成績の通知のいずれにおいても、目標がないと不安になってしまいます。

数年前、私は高校でリーダーシップのコースを担当することになったのですが、学習目標がありませんでした。そこで私は、生徒にとって分かりやすいユニットプランを最初に作成しました（次ページの表２・１参照）。以前は、学習目標がないのは自由でよいと考えていましたが、この一〇年間ですっかり考えが変わりました。今では、学びのスタンダードに基づいた明確な目標が、私のすべての活動の原点となっています。言い換えると、生徒が学習目標をどの程度理解しているかによって、評価や評定や成績[7]は決まるのです。

（7）日本では、これら三つは混同されているかもしれません。評価は、三種類の評価があります。診断的、形成的、総括的評価です。そして、主には指導と並行して、学習を助けるために行われる形成的評価のことを指すことが多いです。評定は、主に総括的評価を使って教師によって下されるもので、その結果が成績の形で生徒や保護者等に通知されるという関係です。

表 2.1　学習目標のあるユニットプラン

名前：

生徒が利用しやすい学習目標	
知識目標 知っておくべきこと	□次のことを定義できる。 リーダーシップ　　見えにくいリーダーシップ □リーダーの資質とマネージャーの資質を挙げ、比べることができる。 □３つの主要なリーダーシップのスタイルを挙げて、それぞれ説明できる。 独裁型　　民主的／参加型　　自由放任型 □立場［地位］上の力を定義し、強制、合理性、報酬の観点から説明できる。 □個人的な力を定義し、それを関係性、専門性、情報の観点から説明できる。 □リーダーシップの重要な資質を7つ以上挙げ、説明することができる。 □倫理、倫理的ジレンマ、認知的不協和の定義とそれらの意味を説明できる。
思考目標 知っていて、できること	□状況に合わせてリーダーシップのスタイルを選択できる。 □著名なリーダーがどのリーダーシップスタイルを採用しているか評価できる。 □立場上の力と個人的な力の使い分けを適切に判断できる。 □倫理的ジレンマに直面したとき、倫理的価値の役割を説明できる。
スキル目標 実証できること	□対応した状況から関係するリーダーシップの要素を判断できる。 □対応した状況から適切なリーダーシップのスタイルを判断できる。 □対応した知っておくべき状況から２つの力（立場的および個人的）がどの程度関係しているかを判断できる。
成果目標 学習したことを証明する	□「ジャーナルの書き方」に基づいて、リーダーシップの授業で定期的に記録をつけ、発展させることができる。 □影響力のある５人のリーダーについてレポートを作成し、以下の点を明らかにできる。 ・提出された要望、影響を受けたグループ、要望に対する具体的な目標・行動 ・マネージャーではなく、リーダーの資質を発揮した内容 ・発揮したリーダーシップの資質や特徴の具体例 ・発揮されたリーダーシップスタイルとそれを裏づける証拠 □自分なりの倫理的価値のリストを作成できる。 □リーダーシップについて以下のトピックを取り入れ、個人的な見解を１～２ページにまとめることができる。 ・リーダーシップのスタイル ・力の基盤（立場［地位］か個人か） ・リーダーシップの資質 ・倫理 **主要プロジェクト**―詳細は発表され、さらに発展させていきます。プロジェクトは地域や学校の取り組みに焦点を当て、リーダーシップのコースの主たるコンセプトに沿って行われる必要があります。 例えば、次のようなものです。 ・地元の小学校または中学校との連携 ・学校での啓発活動［防災や薬物乱用防止など］ ・リーダーシップの問題に焦点を当てた動画やウェブページの作成

注・これらの学習目標内でも、知識目標の中にスキルの要素が入っているなど、完全にカテゴリー分けができているわけではないことに留意してください。

これまでの学習目標の三つの欠点

学習目標は、これまで授業を考える際に必ず求められていたわけでもありません。仮にそれが存在していた場合でも、問題がありました。学習目標に対する従来のアプローチ（もし、それが存在した場合）には、（1）教師中心、（2）州や国のスタンダードの丸写し、（3）目標は明示されているが、学習計画がない、という三つの欠点があります。

1　「教師中心」という欠点

ほとんどの場合、教師だけが学習の目的（スタンダードや目標など）を認識しているので、学習はトップダウンのアプローチになっています。[8] これは、小隊の兵士が丘を登ったり、道を切り拓いたりすることを命令されたとき、その詳細や障害物を知っているのは指揮官だけというのと似ています。この方法は多くの軍隊で採用されてきましたが、多くの場合、混乱や士気の低下を

（8）　日本の学習指導案は、まさにそれを維持補強するためにあるのかとさえ思ってしまいますが、それはうがった見方でしょうか？

招いていました。元海軍特殊部隊員のジョッコ・ウィリンクとリーフ・バビン[9]は、ベストセラーとなった『伝説の指揮官に学ぶ究極のリーダーシップ――米海軍特殊部隊』の中で、「メンバー全員が何をすべきかだけでなく、なぜそれをするのかを戦術レベルで理解している」ことが極めて重要であると述べています◆128。

アメリカ海軍特殊部隊に当てはまる原則は、教室など他の環境にも当てはまるのではないでしょうか。アメリカ海軍特殊部隊と同様に、生徒が学習プロセスを理解する度合いは、生徒の学習に対する関心や、自分には学習する力があると感じる度合いと密接に関連しています。トムリンソンとムーンは『一人ひとりをいかす評価』（29ページの注16参照）の中で、「学習がうまくできる人は、学習のプロセスを理解し、そのプロセスが時間や努力を費やす価値のあるものだと受け止め、学習がうまくいくためには自分自身の果たす役割が重要であることを認識している」（訳書のxiページ）と述べています◆122。

学習の目標を認識しているのが教師だけというのは、生徒の力を奪うだけでなく、非効率的でもあります。モスとブルックハートは、教師が「教師中心の指導目標」に依存すると、「教師は膨大なエネルギーを費やす」一方で、「生徒も多大なエネルギーを教師が何を求めているのかを見出す［忖度する］のに浪費する」と警告しています◆90。

【評価への示唆】

評価計画を設計する際には、学習目標を考えたり、共有したりするプロセスに生徒をパートナーとして含めるべきです。可能な限り、学習目標を共同で作成することに挑戦してください。このプロセスで生徒に発言権を与えることによって、後々、生徒が目標達成のための基準[10]を理解し、目標に対して効果的に自己評価や自己報告を行う可能性が格段に高くなります。

2　「州や国のスタンダードの丸写し」という欠点

国や州によっては、学習目標として適したスタンダードを掲げているかもしれませんが、それは極めて例外的なことです。既存の学びのスタンダードのリストは何を教えるべきかを示しているように見えるので、体系的に取り組んでみたいと思うかもしれません。しかし、学びのスタンダードを盲目的に信じてしまうと、三つの問題が生じます。

第一に、ほとんどのスタンダードは生徒が理解しにくい形式的な言葉で書かれていて、◆38・61・127 その複

（9）　アメリカ海軍特殊部隊「NAVY SEALS（ネイヴィー・シールズ）」は、アメリカ海軍最強の部隊の一つです。二〇〇三年に始まったイラク戦争にも参加しました。二〇〇六年に首都バグダッドから約九〇キロ西にあるラマディの戦いでアメリカ海軍特殊部隊の精鋭部隊「ブルーザー」を率いたのが、この二人です。

（10）　33ページの注19をご参照ください。

雑さは「教師が効果的に教える能力を損なう」可能性があります[78]。第二に、スタンダードは学ぶべきことを定義していても、具体的でなかったり、例が示されていなかったりすることがあります。前掲のデイヴィーズは「『文章で効果的にコミュニケーションをとる』というスタンダードは知っていても、それが特定の年齢層の生徒にとってどのようなものかはわからない」と述べています[32]。最後に、スタンダードには目標を達成するために何が必要なのかということがほとんど、いや、まったく示されていないのです（二〇二〇年七月一一日のハッティからの私信より）。

学習目標は、生徒を中心とした評価計画にとって不可欠です。[(11)]教育は、学習課題のリストをはるかに超えるものであり、なぜ評価が重要な要素であるのかをディラン・ウィリアムは説いています。前掲の『学習プロセスにおける形成的評価』の中で、彼は「評価は指導の一環であり、生徒は私たちが教えたことを学ぶわけではない。もしそうなら、通知表をつける必要はない。代わりに、教えたことを記録するだけでいいのだ」と述べています[127]。評価が教育の中心だとするなら、どのような学習が必要なのかを明確にする必要があり、学習目標の理解はその第一歩となります。

【評価への示唆】

生徒による自己評価と自己報告の基礎となるように、州や国の学びのスタンダードを明確で簡単に理解できる、生徒を中心とした学習目標に変える必要があります。

3　「目標は明示されているが、学習計画がない」という欠点

教師になるため教育実習を行っていたとき、担当の指導教師から「授業のねらいを板書しなさい」と指示されたことを鮮明に覚えています。学習のねらいを明確にするのは大事なことですが、それだけでは学習目標を共有できません。私は多くの教室を訪問しましたが、そこでは教師が学習目標を掲示板に書き出したり、派手なポスターにホチキスで留めたりしていました。このような学習の一部分だけを切り取る方法では、全体の計画と目標はつながりません。生徒は、一つのねらいからではアイディア、コンセプト〔概念〕、手順を導き出せないのです。また、学習目標が明示されていない方が、授業や活動が効果的な場合もあります。◆127 次のような例を考えてみましょう。

六年生を対象にして、地球規模の人口と富の偏りの問題について取り組もうとしたとき、私は生徒たちが楽しめると同時に、動揺するかもしれない活動を考案しました。はじめに机をどけました。次に、グループごとにマスキングテープを使って地球上の大陸の大まかな輪郭を描きました。あるグループは北米を、別のグループはアジアを選びました。条件は次の二つです。①教室の使えるスペースはすべて使うこと、②割り当てられた大陸の相対的な大きさを正確に記入すること。少し混乱はありましたが、床の上に地球を描くことができました。

---

(11)　生徒が学習の目標を達成するうえで、生徒中心の評価が大きく貢献し、それに生徒が主体的に取り組まないと意味がありません。この後でウィリアムが述べているように「生徒は私たちが教えたことを学ぶわけではない」のです。

地球の地図を作成した後、各グループはその大陸の人口分布を調べました。たとえば、アフリカのグループは参考書を使って世界の人口の約一七%を占めていると判断しました。次に、各大陸に住む人の割合に合わせて、クラスの生徒数をどのように配分するかを話し合いました。たとえば、三三人の生徒のうち六人がアフリカを代表するというように、各大陸の人口を表わす生徒の数を板書しました。そして、私は生徒を各大陸に無作為に割り当てました。人間は生まれてくる場所を自分で選ぶことはできないからです。

次に、私は一〇〇枚の金のチョコレートコインが入った袋を掲げて、国内総生産（GDP）の概念を説明しました。各大陸の実際のGDPに応じて富を分配すると不公平さが明らかになり、生徒たちは喜んだり、怒ったりしはじめました。北米に立っていた二人の生徒は、世界のGDPの二七%を表す二七枚のコインを受け取ったのに対し、アフリカに立っていた六人の生徒は、たった二枚のコインしか渡されなかったのです。

このように学習目標を伝える前に活動をしたのは、生徒の興味を惹き、関連するトピックに対して独自の探究を促すためです。学習目標の設定を学習の後にすることで、活動をより一層効果的なものにすることができました。

【評価への示唆】

包括的なユニットプランと学習目標を一緒につくりだすために必要な情報を生徒に提供します。目標を明示するタイミングは、活動の内容に応じて決めます。

学習目標の「内幕」を生徒に伝える

生徒を評価の世界、特に学習目標の世界に招き入れるのは、「最高司令部のオフィス」への入室許可を与えるようなものです。私は、学年のレベルに合ってさえいれば、教育理論や専門用語を生徒と共有するのはよいことだと考えています。数年前、私は九年生から一二年生までの生徒たちに、形成的評価と総括的評価という言葉の定義や応用、理論を共有しました。九年生の生徒が次の小テストについて「それは、私がどういう状態かをチェックする形成的なものですか？」と質問されたとき、この試みは成功したと確信しました。形成的評価の目的は、総括的評価とは異なることを生徒が理解し始めていると分かったからです。

行動（動詞）と内容（名詞）について

学習目標を生徒と共有したり、一緒に考えたりする場合、学習目標には二つの重要な要素があることを生徒が理解できるようにしておきましょう。デイヴィッド・クラスウォールは次のように述べています。「指導の結果として達成したい学習成果を表す授業のねらいは、通常、①教科の内容と、②その内容に対して何をすべきか、で構成されている」◆70。

クラスウォールの観察によれば、効果的な学習目標をつくりだすには、動詞（行動）と名詞（内容ないし学ぶ対象）を理解しておく必要があります。動詞は学習成果の認知レベル、名詞は知識レベルを決定します。「生徒は経済学における需要と供給の法則を覚えなければならない」という例で考えてみましょう。動詞の「覚える」は認知的要求のレベル、名詞の「経済学における需要と供給の法則」は知識レベルを決定します。どちらも学習と評価のプロセスには欠かせないものなので、どちらか一方が重要だとする場合は注意しなければなりません。近年、世界中でカリキュラムが変更されていて、学びのスタンダードには「覚える」という言葉よりもさらに高い認知的要求をする動詞が多く見られます。たとえば評価する、分析する、決定する、議論する、創り出すといった動詞です。

生徒と一緒に学習目標を考えるときは、動詞に焦点を当てることが重要です。生徒にとって使いやすい学習目標と明確な成果指標を設定して効果的に自己評価し、最終的に生徒が自己報告するまでの仕組みを設計するには、鍵となる動詞が実行可能かつ達成可能であるべきだからです。「知っているのか、いないのか」という名詞の世界に捉われてはならないことを心に留めておきましょう。さらに、教師は自分の指導と評価が、目標の動詞と一致しているかどうかを見直す必要もあります。九年生担当の理科教師ヘレン・カレルス先生は次のように述べています。

私の学びのスタンダードは「科学的知識と理解を応用して、未知の問題を解決する」でした。このスキルを向上するために十分な「練習」の機会を提供できていたかどうか、自分の授業を注意深く検証する必要があると気づきました。「言うは易し、行うは難し」です。（二〇一九年二月四日の私信）

目標の種類

前掲のモスとブルックハートは、「授業のねらいは生徒と共有されて初めて学習目標となり、生徒は目標の存在［およびそれが表している内容］を理解して初めて目標を目指すことができる」と述べています。[90] この二つは、生徒と学習目標を共有することと、一緒につくることによって達成できます。では、さらに詳しく見ていきましょう。

モスとブルックハートは、指導計画の鍵となる三つの点を提案しています。[90]

1 授業に不可欠な知識（事実、概念、定義）とスキル（手順）は何か？
2 生徒が大切なことを考えるために必要な条件は何か？
3 知識、スキル、思考は、「学習の軌跡」（全体像）にどのように当てはまるか？

知識の構成要素について、マクダウェル（20ページ参照）は知識を「浅い」「深い」「活用」の三つのレベルに分けたモデルを示しています。[84] 浅い知識のレベルは学習の基礎的な要素、深い知識のレベルは複数のアイディアを関連づける能力です。知識の活用レベルでは、学習者が理解したことを異なる状況で応用することが求められます。

マクダウェルは「教師にとって重要な課題は、浅いレベルの学習と深いレベルの学習のバランスをとり、さらに生徒が理解したことを現実の問題に当てはめて活用する機会を提供する指導方法を見つけることだ」と述べています。[27] 学習目標を四つの領域に分けたジョン・シャプイ他の研究も同じです。[27] 私の最初の著書『厳しい評価より、賢い評価を（未邦訳）』では、この四つの領域に基づいた一九一九年のパリ講和会議のユニットプランを紹介しています。[38]

・知識目標（何を知る必要があるのか？）
・思考目標（知っていることで何ができるか？）
・スキル目標（何を実証できるか？）
・成果目標（学習したことを証明するために、何をつくることができるか？）

表2・2はパリ講和会議のユニットプランの最新版です。このユニットプランの特徴は、ユニットの枠組みとスタンダードに従いつつ、学習目標の一部を生徒がつくり出す機会を提供していることです。

生徒が作成した学習目標

学習目標を設定するとき、生徒に発言権や主体性を与える必要性に、私はもっと早く気づくべきでした。生徒が何かしらできるという手ごたえはありました、しかし、私は生徒の声に耳を傾けていなかったか、自分が持っているハンドルを手放す準備ができていなかったのです。

『厳しい評価より、賢い評価を』で引用した再試験の経験を紹介しましょう。

サム（仮名）という生徒がいました。彼はパリ講和会議に関する単元テストで一つだけ小さな

表 2.2　歴史 12 年生のユニットプラン：パリ講和会議

名前：＿＿＿＿＿＿＿＿＿＿＿＿＿＿

平和は達成可能か?　パリ講和会議の検証

学習目標の領域	学習目標
知識目標 知っておくべきこと、理解しておくべきこと	□以下の用語を定義し、これらがベルサイユ条約に影響を与える要因となったことを説明できる。 資本主義　共産主義　帝国主義　軍国主義　ナショナリズム　新帝国主義　民族自決
	□ 1919 年以前と 1919 年以降のヨーロッパの地図上の国を識別できる。 □ 1919 年以前と 1919 年以降のヨーロッパの地図の主な違い、たとえば（a）ドイツ、オーストリア・ハンガリー、オスマン帝国が失った土地、(b) 新しくできたヨーロッパの国々を特定することができる。
	□次の用語を定義し、それらが 1919 年のドイツにどのように適用されたかを説明することができる。 オーストリア併合　第 231 条（戦争責任条項）　白紙委任　独裁的な決定　ポーランド回廊　賠償金　ラインラント　ザール　シュリーフェン計画　民族自決「背後の一突き」説　ステーテン地方
	□次の用語を定義し、それらが 1919 年のイタリアにどのように適用されたかを説明できる。 ダルマチア海岸　「未回収のイタリア」　南チロル「背後の一突き」
	□ウィルソンの 14 か条の平和原則が説明できる。
	□ベルサイユ条約がドイツに課した主な条件を説明できる。 領土喪失、軍事的条件、賠償金、そしてそれぞれがどのようにドイツの不満につながったかを説明できる。
	□ベルサイユ条約が、さまざまなグループや国のナショナリズムの高まりにつながったことについて説明できる。
	個人的な知識の成果。このユニットに含まれるべきと思う情報を記入してください。 □私は＿＿＿＿＿＿＿＿＿＿＿＿＿＿＿＿＿できる(動詞)
思考目標 知っていること、理解していることで、できること	□ベルサイユ条約にウィルソンの 14 か条の平和原則がどの程度反映されているかを評価できる。
	□フランスやイギリスがベルサイユ条約にどの程度満足しているかを評価できる。
	□ベルサイユ条約の成立にナショナリズムと帝国主義が果たした役割を論じることができる。
	□ 1919 年以降、民族自決が人々に適用された場合と適用されなかった場合を判断できる。
	生徒が設定した学習目標 □私は＿＿＿＿＿＿＿＿＿＿＿＿＿＿＿＿＿できる（動詞）

スキル目標 実証できること	□パリ講和会議で、イギリス、フランス、アメリカの利害を示すことができる。
	□パリ講和会議のために、少数派の主張や国の立場（パレスチナ・アラブ人、ルーマニア人など）を正当化したり主張したりする短いプレゼンテーションを準備できる。
	□イギリス、フランス、アメリカが次の重要な問題の一つを正当化し、決定するためのプレゼンテーションを準備できる。 ・戦争費用と賠償金 ・ヨーロッパと植民地の地図 ・将来の軍事力の検討 ・戦争犯罪と予防
成果目標 学習したことを証明し、発展させるためにできること	□パリ講和会議を振り返り、以下のことを報告し議論できる。 1. 体験したことの感想（不満や成功したこと） 2. 国家的課題の複雑さについての理解 3. 国家的決定の長期的影響 4. 平和は達成可能か?
	「タイムマシン」 □パリ講和会議で争われた論点の一つに対して包括的な代替計画を立てることができる。 □異なった結果を得るために決定を修正し、それがその後の出来事にどのような影響を与えたかを予測できる。
	先生と話し合った成果物 □私は＿＿＿＿＿＿＿＿＿＿＿＿＿＿＿＿できる（動詞）

ミスをしたために、軽い気持ちで再テストを要求してきました。「この単元で僕が答えられない問題はもう何もないよ。だから、もう一〇〇点にしてくれてもいいと思うけど」と、彼はぼそっと呟きました。そこで、私は「再テスト」を面白いものにするため、二つの課題を彼に与えました。それは、私が「知らないこと」「興味をそそられること」を見つけるというものです。また、彼の準備ができた後、結果を発表する場所と時間は、私が決めるという条件をつけました。

「先生が何に興味があるかなんて、僕にはわからないよ」とサムは少し不満そうでしたが、「やってみるしかないね」と私が言うと、不満が一瞬にしてやる気に切り替わって、「わかった。デューク先生、やってみるよ！」と言うと部屋を飛び出していきました。

数日後、サムは早めに教室に来て、自分が発見したことを興奮気味に話そうとしました。私は「結果を発表する時間と場所は教師が決める」という条件を思い出させました。「それは冗談だと思っていたよ」と、彼は少し怒っていました。「いや、本気だよ。発見したことを君が確実に自分のものにしているかを確かめたいんだ」と答えました。

数日後、近所のホームセンターで買い物をしていると、偶然サムに出くわしました。彼は釘の入った箱を置いて「ねぇデューク先生、C指令の話題を聞いてくれませんか」と声をかけてきました。「C指令？ それは何かな？ 聞いたことがないな」と答えると、サムは「お！ 興味があるんですか？」とニヤリと笑って、一九一九年の権力者たちが統治できないと思った人々のことについて詳しく説明してくれました。それは、現在独立国となっているアフリカの植民地のことでした。私は興味深く聞きました。

長い間、私は再テストについては考えてきましたが、学習目標を生徒と一緒に設定することはありませんでした。私はサムの学習内容に沿った興味を問題に含めていなかったのです。

よくよく考えてみれば、私は生徒に個人的に興味のある分野をプロジェクト学習で探究させてきましたが、なぜか目標は共同で設定してこなかったのです。そのやり方を変えるべきでした。

【評価への示唆】

表２・２に示すように、当初のユニットプランを変更して生徒の声と選択を含めることは比較的簡単にできます。生徒が「私は～できる」という文章を完成させると、自分の学習目標になります。[12] 生徒は動詞を選択し、それに付随するコンテンツ〔内容〕を挿入するだけです。以下は、既存のスタンダードに沿った学習目標を生徒の興味を反映した学習目標に変換した例です。

第二次世界大戦の戦車兵のエース（ミハエル・ヴィットマン）のトレーニングや戦術を探究することができる（ブリティッシュ・コロンビア州のスタンダード「主要な紛争における技術の役割を調べる」）。

地雷が象の生存にどの程度の悪影響を与えているかを判断することができる（ブリティッシュ・コロンビア州のスタンダード「人々の行動、出来事、現象、アイディア、または開発の短期的および長期的な原因と、予想される結果および予想外の結果を評価する（原因と結果）」）。

次世代の理科スタンダードを遵守する場合、生徒は次のような目標をつくることができる。

(12)「これ、シンプルでいいですよね。すぐやってみたいと思えました。この目標設定をさせるタイミングが重要かもしれませんが」とのコメントが協力者からありました。

地球の引力の力を示すために、プラスチック製のパラシュート人形を使ったモデルを作ることができる（次世代の理科スタンダード「地球が物体に及ぼす引力は下向きであるという説を立証する（動詞）」）。

生徒が独自の目標を設定できるようにすることは、探究プロジェクトで生徒に選択権を与えることと、それほど違っているわけではありません。このような機会を明確に提供することで、私たちのエレベーターピッチを強調することができます。

生徒集団の効力感と共同で作成する学習目標

ハッティ（19ページ参照）が行ったメタデータ分析によると、生徒の成績に影響を与える要因の第一位は「教師の集団的効力感」でした。◆[123] ジェニ・アンマリー・ドノフーは、「教師の集団的効力感」を「互いに合意した行動を通じて生徒の成績にプラスの影響を与えることができ、その中には学業に熱心に取り組めない生徒や不利な立場の生徒も含まれる、という教師集団の信念」と定義しています。◆[35] 最初は「教師の集団的効力感」が一位だということに驚きましたが、よく考えてみると納得できます。教師は、自分が生徒の目標達成に影響を与える最も重要な要因であると考えれば、教員研修に参加したり、たくさんの本を読んだり、よりよい授業を計画するために一層多くの時間を費やすようになります。逆に、社会経済的な要因やクラスの規模、スケジュールの問題などが生徒の成績不振の原因だとなれば、よりよい授業をするために費やす時間は減るでしょう。◆34

あなたがこの本を読んでいるのは、自分が生徒の目標達成を左右する大きな力をもっていると信じ、もっと効果的な方法を探しているからではないでしょうか。このようなタイプの教師を集め、その集団が生み出す相乗効果を利用することを想像してみてください。それが「教師の集団効力感」が第一位になった理由です。

それでは、生徒の集団的な効力感はどのような学習環境であれば発展させることができるでしょうか？　生徒主導のグループが疑問を追求し、解決策を見つけ、お互いに学び合うことで力を発揮するようなすばらしい瞬間を考えてみましょう。残念ながら、私の教室ではこのような事例はほとんどありませんでしたが、できたときの経験はすばらしいものでした。

教室でグループワークを行うのが難しいと感じている方は、最初にうまくいくかどうかで、そのクラスの学習潜在力のすべてが決まるわけではないという研究結果を参考にしてください。グループが苦戦して、教材や手順を理解していないように見えるとき、実は効果的な学習力が引き出されることがあるのです。シンガポールで行われた研究では、自分たちで考えた解決策の過程でミスをした生徒と、「正しい」解決策を最初から得た生徒を比較しました。この研究では、たとえ間違ったとしてもグループで苦労して解答を導き出すプロセスは、後から教師が示す「正しい」解答を習得するための準備になると結論づけています。◆[67]

生徒中心の評価を目指す中では、この「グループの力」を活用することが大事です。生徒を中心とした明確な学習目標を設定するには、やはり生徒に決めさせるべきです。生徒が活動をした後で、若干の修正を加えることになったとしても。ブリティッシュ・コロンビア州のペンティクトン中等学校のベン・アーキュリー先生とラス・リード先生は、まさにそうしました。

化学を教えているアーキュリー先生と地理を教えているリード先生は、二つのクラスを統合した「ジオ・ケミストリー」という教科の枠を超えた斬新な学習方法を導入したユニットを開発しました。各グループは「酸性雨とその影響（土壌、水、インフラなど）」というテーマに取り組みました。

表2・3に示すように、学習目標の大部分はアーキュリー先生とリード先生が作成し、その後で生徒たちは興味や好奇心に基づいて独自の学習目標を設定しました。生徒たちは酸性雨をめぐる具体的な問題を深く掘り下げ、次のような具体的で洗練された目標を設定しました。

・酸性雨がサケの産卵場所に与える影響は何か？
・酸性雨がサンゴ礁に与える影響は何か？
・酸性雨が降ると、淡水に生息する小さな生き物の数はどうなるのか？

・古今東西のインフラ〔建物等〕が受けている酸性雨の影響は何か？
・酸性雨の影響で建築プロセスは変わったか？

生徒たちは、焦点となる質問を選んで、それに答えるための調査を行い、結果発表の展示をデザインしました。そして、生徒たちはギャラリーウォーク(13)を行い、さまざまな展示物を見て質問をしたり、学んだことについて話をしたりしました。一二年生のエミリーは、グループで質問を作成した経験について次のように述べています。

最初、私たちのグループは何をすればいいのかわかりませんでした。なぜなら、私たちはいつも何を勉強すればいいのかを与えられてきたからです。今回はグルー

(13)　教室内にギャラリーのような空間をつくって成果物を展示し、自由に歩きまわって成果物を見たり、議論したり、評価したりする発表形式のことです。

表 2.3　化学・地理の学習目標

化学の学習目標	地理の学習目標
酸性雨の原因を化学式に基づいて特定し説明できる。	酸性雨に関連する汚染化学物質を挙げることができる。
通常の雨が「酸性雨」となる pH 条件を説明できる。	酸性雨の三つのタイプを特定し、説明できる。
酸性雨の影響と一般的な環境に及ぼす問題について調べ、まとめることができる。	酸性雨を引き起こす人の活動を説明できる。 酸性雨の被害を最小限に抑えるための解決策を説明できる。

ベン・アーキュリーとラス・リードの許可を得て使用

プ内でしばらく話し合って、全員で大きなテーマを決めてから少しずつ絞り込んでいきました。最終的に自分たちでテーマを決めることができたので、とても楽に調べたことを発表することができました。(14)

アーキュリー先生はこのプロセスを振り返って、特に学習目標の焦点を生徒に決めさせたことの効果について考えました。

生徒たちは、自分が調べた情報や理解を共有することに自信をもっているように見えました。生徒たちは、当初この課題に違和感をもっていましたが、次第に自信をもつようになりました。与えられたテーマではなく、自分たちが興味のあるテーマを調べることに夢中になっているようでした。

リード先生が生徒主導の学習の成果を実感したのは、ギャラリーウォークのときでした。

ギャラリーウォークでは、生徒たちは自信をもって自分たちの研究を発表する準備をしていました。通常、生徒はポスターに書かれた情報しかもっていません。しかし、今回の生徒たちは質問に対してあらかじめ準備したこと以外も答えることができました。

アーキュリー先生とリード先生が生徒と一緒に学習目標を作成する方法は、ウィリアム（20ページ参照）の「一緒につくる」という考え方と同じです。ウィリアムは、「生徒が学習のねらいと目標達成のための基準を議論し、自分のものにすれば、それらを自分の学習に活用できる可能性が高くなる」としています。

誤解のないように言っておきますが、これは生徒にすべてを任せるということではありません。ウィリアムは、教師は「教えようとしている内容について特権的な立場にある」ため、学習目標を共同して作成する際には強い存在感を示すべきであると述べています。

初等・中等レベルの学習目標

生徒がより多く関与できるように評価の枠組みを変更したのは、公立高校の九年生から一二年生の社会科とリーダーシップのクラスでした。私が自分の実践を変えて自信を得ていくと、中学・

(14)　質問づくりのプロセスについて詳しくは、『たった一つを変えるだけ――クラスも教師も自立する「質問づくり」』をご参照ください。

◆127

高校で数学、化学、体育、英語［日本の国語］などを教えている同僚たちも同じように変わっていきました。私は世界中の教師とこの経験を共有する機会がありましたが、中には厳しい意見も含まれていました。あるベテランの小学校の教師がパリ講和会議のユニットプランを見て、「これは高校でやることです。あなたはもっと小学校の子どもたちと一緒に過ごすべきだ」と指摘してくれました。そこで私は小学生にも使いやすいワークシートを作成することにしました。

小学生が学習目標を理解できるようにする

小学生を学習目標の作成に参加させるという課題に対して、まず当時三年生だった娘の経験していることを調査し、表2・4のようなユニットプランのワークシートを作成しました。

このデザインは、生徒がさまざまなことを学び、知り、別々の要素を合体させ、理解と記憶を定着させる実践を行う必要があるという考え方の影響を受けています。ある小学校の教師は「作ったり、操作したり、動かしたりして、生徒が理解していることを示すことが重要です。暗記や勉強ではなく、行動することが大切なのです」と語ってくれました。このアドバイスに基づいて、ワークシートの最後のセクションでは、生徒は個々の要素を実演し、それらを組み合わせることができるようにしました。これは高校のユニットプランでは「成果物」に相当します。

計画を練っているときに面白いものをつくろうとしている自分に気がつき、当時三年生だった娘のスローンの意見を聞いてみることにしました。結果として、あの時の先生が私に「小学生と一緒に過ごしなさい」と言った意味がよくわかりました。

「ねえ、スローン。三年生の算数プロジェクトのアイディアがほしいんだ」というと、スローンは恐る恐る近づいてきました。おそらく父親の評価プロジェクトに巻き込まれることを警戒していたのでしょう。「何について？」と彼女は尋ねました。

「文字が数字の代わりになるんだよ」

「え？　待って！　文字が数字の代わりになるってどういうこと？」

「たとえば、Xが5のようにさ」と私は答えました。

スローンはすぐさま「Xは好きじゃない」と言いました。

「たとえば、の話だよ、スローン」と、これはダメだなと思いながら言いました。

表 2.4　小学校のユニットプランのテンプレート

学習の点：計算と代数的思考	
 私が学ぶこと	・ ・ ・
 私は学んだことで何をするのか	・ ・
 私が学習したことを示すために、見せたりつくったりするもの	・

「でも、私はXが好きじゃないのよ」と彼女は言うので、少し苛立って「みんな〝X＝5〟って言ってるよ。何がダメなの？」と聞きました。

スローンは毅然として「Xは間違っていることを意味するか、何かを消すのに使われるわ。優しくないいし、私は好きじゃない。Xが好きなのは、私の誕生日にパパがつくってくれたような宝の地図に載っているときだけよ」

優しくない？　宝の地図のときだけ？　何なのだ！

私はなんとかこの問題を解決しようと、なだめるような口調に変えてみました。

「スローン、じゃあ好きな文字はある？」

彼女は即座に「P」と答えました。

「なぜPなの？」と尋ねると「Pはお姫様のことだからよ。お姫様は五歳なの」と、スローンは嬉しそうに答えました。

「わかった、Pだね。お姫様は五歳なんだ」と私は受け入れ、この算数の概念を小学校のクラスでどのように扱うかを考え始めました。

「スローン、お姫様が五歳だとすると、四年後には何歳になっているかな？」

スローンはしばらく考えて「九歳」と答えました。

「じゃあ、方程式はP ＋ 4 ＝ 9と書くよ」

図 2.1　スローンの計算式

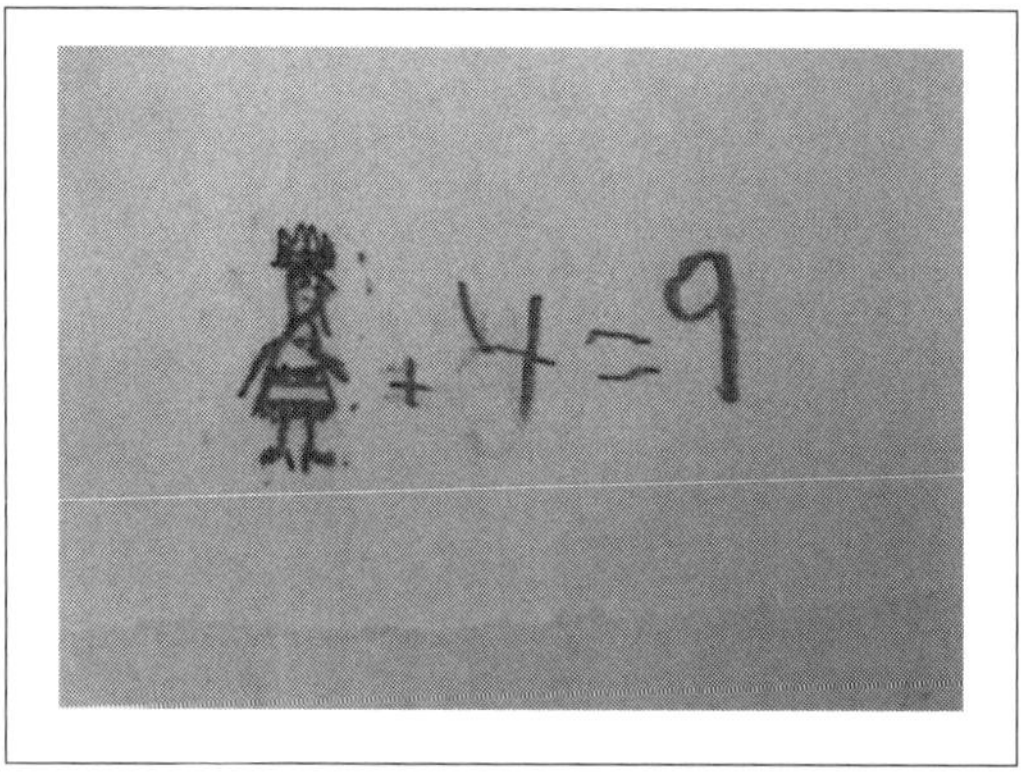

「いいわよ」とスローンは同意しましたが、「私はPの文字を入れる代わりに、お姫様を描きたいわ」と言い出しました。時間がかかりそうだけれど、後の展開を考えて、いったん、受け入れることにしました。スローンは小さなお姫様を描いて、残りの式を入れました（図２・１）。

この芸術作品と算数の組み合わせを完成させた後、私は彼女にさらにいくつかの方程式を描くようにお願いしましたが、スローンは毎回キャラクターを描くことにこだわっていました。しかし、予想どおり、スローンは込み入ったお姫様のキャラクターを描くことに飽きて「パパ、もう疲れちゃった」と不満そうにため息をつきました。

「そうだろ？　だから、これからは毎回お姫様を描くかわりにPでいいんじゃないかな？」と言うと、娘は顔を上げて、「わかったわ。Pは５ね」と納得してく

表 2.5　各州共通基礎スタンダードの算数（小学３年生）用の 完成したワークシート

<table>
<tr><td colspan="2">3.OA.D.8.(注)　四則計算を使用して二段階の文章問題を解きます。これは、未知の量を表す文字を使った方程式で表します。四捨五入を含む暗算と推定法を使って、答えの妥当性を評価します。詳細は次のとおり。</td></tr>
<tr><td colspan="2">学習の点：計算と代数的思考</td></tr>
<tr><td>
私が学ぶこと</td><td>・二段階の文章問題
・足し算、引き算、かけ算、割り算
・数字を文字であらわす。
・たぶんこうだろうと判断する三つの方法と四捨五入
・自分の作業を「見せる」方法</td></tr>
<tr><td>
私が学んだことで何をするのか</td><td>・足し算、引き算、かけ算、割り算を使って二段階の文章問題を解くことができる
・与えられた数字が方程式の中の文字の代わりになるかどうかを推測する</td></tr>
<tr><td>
私が学習したことを証明するために、見せたりつくったりするもの</td><td>・足し算、引き算、かけ算、割り算を使った方程式を自分で作ることができる。また、足し算、引き算、かけ算、割り算を使って文字の代わりになるような数字のキャラクターの漫画をつくる</td></tr>
</table>

注・この数字は、各州共通基礎スタンダードの項目番号を示しています。

れました。

どんな小さな絵でも数の概念を表すことができます。何度か描いたら、絵の代わりに文字を使うことができます。車の四つのタイヤを表すＣや、クモの八本の足を表すＳなど、表２・５の成果物にひらめきを与えてくれた幼いころのスローンには感謝です。

中高生の学習目標への取り組み

一一年生と一二年生の英語教師であるカリ・ストラウベ先生は、私が講師を務めた教員研修に参加して、学習目標の共有と作成を生徒と共に行うことの大切さに気づきました。彼女はセッションの後すぐに、自分で作成したベーオウルフ(15)の生徒中心のユニットプランを私に送ってくれました（表2・6）。ストラウベ先生は、ユニットプランをつくる方法は一つではないと述べています。彼女のユニットの主な特徴は、次のとおりです。

・鍵となる質問ないし概念レベルの質問をする。
・生徒が学習の目標を自己報告する。
・生徒が自分の声を発し、自分の「英雄物語」プロジェクトを作成する機会を設ける。

(15)　英文学最古の伝承の一つで、英雄ベーオウルフの冒険を語る叙事詩です。

表 2.6　ベーオウルフのユニットプラン

名前 ______________________________

このユニットでは、生徒は次のことを理解する。
知識目標：次の用語を定義し、分析に使うことができる。
　□アングロサクソン □元型（注1）　□伝説的英雄　□英雄　□英雄の旅（注2）

思考・スキル目標（理解できたら、各行の左横のボックスにチェックしてください）

	キャラクター、筋書、設定、テーマ、視点、トーン、スタイルへの影響を含め、伝説的な英雄の元型の役割を特定することが、私はできる。
	伝説的な英雄の元型の特徴を説明し、分類することができ、その知識をジャンルや形式を問わず文学作品のキャラクターの分析に応用することが、私はできる。
	文学や映画に登場する英雄の旅を特定し、説明することが、私はできる。
	伝説的な英雄や英雄の旅に対する歴史的状況の影響を評価することが、私はできる。
	さまざまな時代や伝統の音声や文字、視聴覚作品を比較・評価することが、私はできる。
	登場人物が英雄であるという文章を作成し、主張することが、私はできる。
	リサーチスキル、ワープロ、脚注を活用して作品をつくることが、私はできる。
	文学作品に含まれるケニング（注3）や頭韻を踏む（注4）を識別し、自分でも作成することが、私はできる。

鍵となる質問：
　* 英雄は、どのようにして特定の文化の価値を反映するのか?
　* 元型は、どのようにして他の人たちの知覚に影響を与えるのか?
このユニットの一部は、さまざまな英雄神話の物語を読み、それらをベーオウルフと比較することで構成されています。

私のこのユニットの学習目標は：

形成的評価：ジャーナル、グループワーク、クラス内での作業、話し合い、読解の小テスト
総括的評価：ベーオウルフの概要、「伝説的な英雄をつくろう」プロジェクト

カリ・ストラウベの許可を得て使用

注1・「元型」とはユング心理学の概念。集合的無意識の領域にあって、神話・伝説・夢などに、時代や地域を超えて繰り返し類似する像・象徴などを表出する心的構造のこと。

注2・「英雄の旅」については、『あなたの授業が子どもと世界を変える』の第11章「もしストーリーが自分のものなら、その学びは学習者をエンパワーする」（特に、194～198ページ）で紹介されていますのでご参照ください。教師の役割は、生徒たちに英雄（少なくとも、主人公）になってもらうための「案内役」です！

注3・ケニングの技法は、古ノルド語およびアイスランド語の詩と強く結びついている。具体的な名詞の代わりに比喩的な複合語に置き換えて使う修辞技法の一つ。何度も話題にのぼる人や物を表現するときに、複合語を使って遠回しにいうことで単調になるのを避けたり、詩的な効果を出したりするもの。

注4・単語や文の最初の音を合わせる修辞技法の一つ。最初の音を同じ音にすることによってリズムが加わり、聞き手の注意をひいて印象づけたりする。詩や歌などでよく使われる。

中高生レベルのユニットプランの他の例は、私のウェブサイト（https://myrondueck.wordpress.com/resources-for-you-always-free/）をご覧ください。

ネブラスカ州のリンカーンで九年生の英語教師をしているシドニー・ジェンスン先生は、シェイクスピアに関するユニットプランをデジタルで共有しています。生徒たちは、計画の学習目標をプリントアウトして、毎週異なる色のマーカーを使って、習熟できたと思うねらいに線を引き、進捗状況を自己評価します。生徒たちはグーグルフォームを使って報告し、ジェンスン先生はそれをもとに次の週の計画を立てました。このユニットの最後では、すべてのねらいに対して七〇％以上の習熟度を達成し、総括的評価ではすべての生徒が八〇％以上のスコアを獲得したと報告してくれました。今回の経験を総括して、ジェンスン先生は「評価を生徒に委ねることが、これほど大きなインパクトがあるとは信じられませんでした」と語っていました。

この章のまとめ

生徒を中心とした明確な学習目標を設定することは、生徒を夢中で取り組ませ、エンパワーすると同時に、生徒を中心とした評価方法を確立するための最も重要なステップの一つです。学習目標は、成績評価、継続的な自己評価、通知表の作成など、その後の多くの決定を行う上での鍵となります。国や州の教育行政によってスタンダードが規定されているため、教師は無力感を感じたり、生徒を参加させることはできないと思ったりするかもしれません。しかし、これまで見てきたように、教師の指導によって生徒が学習の道筋を理解し、ゴールについても影響を与えることができるのです。

ジョー・デ・セナの「死のレース」のように、ゴールを曖昧にしてはいけません。むしろ、アメリカ海軍特殊部隊のようにミッションの目標を全員に知らせるべきです。第2章では学習目標を作成、共有、使用するときの生徒の役割がどのようなものかが分かりました。次は生徒が目標を達成するために何をすればよいかを考えてみましょう。

第3章

パフォーマンス★の評価にはルーブリックを使う

目標達成への道のりを
生徒がよりよく理解するには？

★ 知っていること／理解していること、あるいはできることを発表するなどして、実際に示して見せることです。詳しくは、91ページおよび93ページの表3.1をご参照ください。

私はプロスポーツ選手を羨望の眼差しで見続けてきました。もしＦ１ドライバーになれたら、言葉では言い表せないほど爽快でしょう。ドライバーは、レースのたびに観客や何百万人ものテレビを見ている人たちの前で、戦闘機のような自動車を操縦します。Ｆ１マシンが高速でカーブを曲がるときの加速度六ｇ[1]を体験したことのある人はほとんどいないでしょう。これに近い体験は、最大三ｇで設計されている過激なジェットコースターです。

プロのアイスホッケー選手もうらやましいです。仲間と一緒に大都市を回り、ファンにサインをする。さらには北米一を決めるスタンレーカップのプレーオフ第七戦で氷上に立つという貴重な体験を想像してみてください。

ほかにも、ジョージア州オーガスタで開催されるマスターズのゴルフトーナメントで、最終ホールのプレッシャーを感じながらウィニングパットを決めたり、テニスのウィンブルドンで、決勝戦のサーブを打ったりする体験は、どれほどのものでしょうか？

だからといって、すべてのトップアスリートに憧れているわけではありません。私は飛び込み競技の選手をうらやましいと思ったことは一度もありません。一〇メートルの高さからプールに飛び込むなんて、とんでもないことです。勇気を振り絞って飛び板から跳び込むと、水の表面張力が待っています。重力によって秒速九・八メートルで水に向かって加速していきます。つまり、飛び板からのジャンプを考慮しない場合、一〇メートルの高さから飛び込んだ選手は、時速約

◆47 五五キロで移動し、わずか一・四二秒で水面に到達します。◆2 いかにうまく水面に飛び込むかによって、舗装された道路にぶつかったような衝撃の強さは決まります。どんなスポーツにもミスはつきものですが、飛び込みではそれが極端です。ユーチューブには計画どおりにいかなかった飛び込みのビデオがたくさんあります。ダイビングがどれほど悲惨なものかを見たければ、「ステファン・フェック(2)」（または、「飛び込み失敗」）で検索してみてください。

私が飛び込みの選手になりたいと思わないのは、競技に対する評価の仕方とも関係しています。陸上競技、たとえば一〇〇メートル走であれば、その成績は「最初にゴールした人が勝ち」という単純なものです。しかし、ダイビングの場合はかなり複雑です。二秒にも満たない時間の中で、さまざまな要素が絡み合った飛び込みの良し悪しを判断する審判には驚きます。ある飛び込みを見て「これはすごくいい」と思っても、テレビのコメンテーターは「これはダメだ」と言うことがあります。スローモーションでいくつかの角度から見直すと、ある程度は理解できるのですが、審判はそれを一瞬で評価する能力をもっています。

（1）「g」とは、物体が重力をうけて真下に落下する場合の速度変化のこと（毎秒約九・八メートル）。

（2） ステファン・フェックは、一メートルと三メートルの飛び込み競技のドイツ人選手。彼は、ブダペストの二〇一〇年ヨーロッパ水泳選手権とトリノの二〇一一年ヨーロッパダイビング選手権で銀メダルを獲得しました。

ダイビングを見ていて不思議に思ったのは、二〇一六年夏のオリンピックの時でした。「飛び込みを一体どうやって評価しているのだろう」と思い、調べてみたのです。チームUSAのウェブサイト（www.teamUSA.org）には、「ダイビング一〇一〔基礎ないし入門講座〕」というサイトがあります。その中の「審査と採点」という項目では、ダイビングの審査方法や得点の算出方法が説明されています。このサイトを見た後、私はUSAダイビングのハイパフォーマンス〔強化〕マネージャーであるレスリー・ハッセルバック・アダムスに個人的な意見を求めました。アダムスは、世界のトップダイバーたちと仕事をしていて、オリンピックの水上競技の公認審判でもあります。私は彼女にこんな質問をしました。「オリンピックの飛び込みがどのように審査されるかを三〇秒以内で説明してください」。アダムスはこう答えました。

基本的には、助走、空中でのフォーム、ダイブポジション、飛び込み台からの距離、入水、そして飛び込みの全体的な印象によって評価されます（二〇一九年八月二八日の私信）。

USAダイビングのハイパフォーマンス・ディレクターであるダン・ラークは、アダムスの簡潔な説明に同意しつつも、長期的にアスリートを育成するという彼の役割を踏まえた興味深い内容を加えました。

審判員が求めているのは間違いなくこれらの要素です。しかし、将来、これらを達成するであろう能力も求めています。つまり、私たちが選手のすばらしさを評価するときには、大会での得点だけではなく、それ以上のものを求めているのです。（二〇一九年八月二八日の私信）

飛び込みに関する話を聴いて、授業で使っているパフォーマンス評価の設計と使用に関していくつかの疑問が浮かび上がりました。

・プロジェクト、課題、その他の複雑な学習機会を、明確で扱いやすいものに分解できるか？
・点数や成績ではなく、生徒が自分で学んだことの自己評価や生徒中心の通知に携わらせることができるか？
・ルーブリックを生徒と教師の両方が使えるように設計できるか？
・生徒はよい評価の要素を正しく理解し、その設計に参加できるか？
・「点数以上のもの」を大事にしながら、生徒が学んだことについて話し合い、報告できるか？

これらの疑問を念頭に置いたうえで、評価に生徒が夢中で取り組み、エンパワーするための段階に進みましょう。

ルーブリック――生徒中心の評価になぜ欠かせないのか

私は教育現場で二〇年以上働いてきましたが、そのうちの一二年間は特に評価の分野に携わってきました。他の職業でも同じだと思いますが、まだまだ学ぶべきことがたくさんあると感じています。最近、アルバータ評価協会の仕事を通じて、私がこれまで考えもしなかった新しいルーブリックの要素や、ルーブリックをつくる際のツールを発見しました。本章の内容は、アルバータ評価協会のすばらしい活動、[3]特にシェリー・ベネットとアン・マルグリューの著書『ルーブリックをつくる（未邦訳）◆9』を参考にしています。また、スーザン・ブルックハートの『形成的評価と採点のためのルーブリック（未邦訳）◆14』は、分かりやすくて役に立つ本です。ブルックハートの著書は、間違いなく私たちの議論の参考になります。

このようにルーブリックのつくり方や使い方について、すでに多くのことが書かれています。ですから、さらにルーブリックを検討する必要はないように思えます。しかし、少なくとも次の三つの重要な理由から再検討が必要だと考えます。

1 学ぶべきことがまだたくさんある

私は教師としてのキャリアの大半においてルーブリックの要素やつくり方、使い方の詳細についてしっかりと把握していませんでした。多くの学校や教育委員会を訪問した経験からルーブリックにはかなりの混乱があることがわかりました。よくある質問は、次のようなものです。

・ルーブリックの目的は何か？
・どうやってつくるのか？
・どんなときにルーブリックを使うのか？

（3） カナダの一つの州をベースにした、教師たちが教育評価をよりよいものにしようという活動です。この努力は一九九二年に始まりました。とても充実した彼らのサイト（https：//aac.ab.ca/）をぜひご覧ください。訳者の一人の吉田が、『テストだけでは測れない！』を書いたときにも参考にさせてもらいました。人口でいえば、日本のわずか三・四％のところに、これだけのものが存在するということは……日本には計算上、二九、あるいは、各都道府県に一つずつあってもおかしくないことを意味します。教育の地方分権が大切な理由がこんなところからも分かります。

2　動詞が変わってきている

高次の思考[4]が求められる今の世界では、評価方法を変える必要があります。「創造する」「設計する」「分析する」などの高次の思考を表す動詞で構成される学びのスタンダードを評価するには、「書き出す」「定義する」「復唱する」で始まるものよりも、さらに洗練された評価ツールが必要です。そのような学びのスタンダードに沿って生徒のパフォーマンスを評価するためには、従来の採点方式ではなく、よく考えられたルーブリックが助けになります。

3　評価（アセスメント）を「隣に座る」という意味で捉え直す

第1章で述べたように、アセスメントの語源は「隣に座る」という意味のラテン語です。生徒と一緒に学習成果を評価することを本当に受け入れるのであれば、誰もが理解できる共通の言語と評価ツールが必要になります。

この章ではルーブリックのつくり方と使い方について検討します。それは基本的な要素に留まらない複雑な学びの機会に生徒をいざなうだけでなく、目標を達成するための基準を提供し、よりよい自己評価と自己報告のためのツールに関するものとなるでしょう。

ルーブリックとは？

グーグルに「rubric〔ルーブリック〕」という言葉を入力すると、一秒以内に七五〇〇万件の検索結果が出てきました[5]。ルーブリックの語源はラテン語の「赤」です。中世の作家は、典礼儀式を行うための規則を記載する際に、読者の目に留まりやすいように赤いインクを使っていました。◆[14] ラテン語で行われる教会の礼拝について書きたいのであれば、説明はこれだけで十分です。しかし、私たちが知りたいのはもちろん別のことです。もう少し深く掘り下げてみましょう。

ルーブリックとは、パフォーマンスを採点〔段階化〕して説明するためのツールです。ブルックハートは、ルーブリックを「生徒のパフォーマンスに対する一貫した基準であり、基準に基づくパフォーマンスの質をいくつかのレベル〔段階〕で説明したものを含む」と定義しています。◆[14] カーネギーメロン大学の「優れた教育と教育改革のためのエバリー・センター」は、ルーブリックを「課

（4） 分類法に基づく概念で、ベンジャミン・ブルームは「暗記」→「理解」→「応用」→「分析」→「統合」→「評価」と階層を分けていました（ローリン・アンダーソンの改訂版では、「統合」を「創造」に変更し、「評価」と順番を逆にしています）。「暗記」「理解」が低次の思考、「応用」「分析」「評価」「創造」が高次の思考とされています。しかし、『理解するってどういうこと？』を読むと、理解も高次の思考に含めたくなります。

（5） 翻訳時点では、さらに増えて一億二四〇〇万件です。それに対して日本語の「ルーブリック」はわずか一二〇万件強、「評価基準表」も五〇〇〇万件未満でした。ただし後者には、「評価」「評価基準」「基準表」も含まれているようです。

題や作品に対して教師が期待するパフォーマンスを、はっきりと生徒が分かる形で記述した採点ツール」と表現しています[◆42]。

ルーブリックは何のためにあるのか？

ブルックハートとカーネギーメロン大学のエバリー・センターの定義にもあるように、ここでは「パフォーマンス」という言葉が大きな意味をもちます。ルーブリックの目的の一つは、生徒に「［パフォーマンスを評価する］一貫した基準」を提供することです。生徒が活動、プロジェクト、または探究において、目標を達成するために何が必要かを理解するのに役立ちます。また、ルーブリックの定義は、生徒のパフォーマンスを評価する目的と密接に結びついています。ベネットとマルグリューは、ルーブリックを「生徒のパフォーマンスを評価するためのツール」と定義し[◆9]、ブルックハートは「ルーブリックの主な目的は、パフォーマンスを評価すること」としています[◆14]。これは、ルーブリックは「こういったパフォーマンスをすれば、成果が出やすい」ということを示しているのであって、ルーブリックの内容をすべて達成しても学びの目的を達成したことにはならない、ということです[6]。

ブルックハートは、このパフォーマンスという用語と学習成果との関係を明確に区別しています。

州のスタンダードやカリキュラムの到達目標、指導上のゴールや目標は、生徒がどのような種類のパフォーマンスを行うべきかを示しています。学習成果がパフォーマンス（生徒がすること、作ること、言うこと、書くことなど）によって適切に示される場合、ルーブリックはそれらを評価する最適な方法といえます。パフォーマンスは学習成果の指標であって、学習成果そのものではないことに注意してください。◆14

分かりやすくいうと、パフォーマンスとは、生徒が何かをする行為のことです。たとえば、ダイビングをしたり、プレゼンテーションをしたり、バスケットボールでレイアップをしたりすることです。また、パフォーマンスとは、生徒の努力の結果として得られる作品、つまり、エッセイ、ウェブページ、彫刻、ロボットなどのことでもあります。教師と生徒がパフォーマンスの二

(6) 協力者より「学校現場でもチェックリストとルーブリックが混同されているケースが多くあるので、非常に示唆的です。教師がそのような状態なので、生徒も、チェックリストとルーブリックの違いが分からないまま、ということがあるように思います」。また、「ここの理解は非常に重要。ルーブリックを使い始める時に、生徒たちともこの辺りは繰り返し、共有・確認しているが、教師でも混同している様子が散見される」といったコメントもありました。

つの性質を理解するための例を、ブルックハートが示してくれています[7]（表3・1参照）。

どんなときにルーブリックを使うべきか？

多くの教師と同じように、私もいつ、どこでルーブリックを使うのが適切なのかわかっていません。ベネットとマルグリューは、次のような評価をする場合にルーブリックを使用すべきだと提案しています。◆9

・生徒の作品をさまざまな側面からフィードバックする。
・パフォーマンスにおける異なる質のレベルを明確にする。

USAダイビングのアダムスへのインタビューを振り返ると、ダイビングは、明らかにこの二つの基準に当てはまります。ダイビングには五つの要素があり、その質はダイビングごと、また選手ごとに異なります。

私はこれまで、ルーブリックを生徒の作品を評価するためのツールだと考えていました。しかし、ブルックハートはルーブリックを「パフォーマンスを説明するためのツール」と捉えるように勧めています。彼女は、ルーブリックの目的を「判断」ではなく「説明」とすると、「フィードバックや指導に使える」ツールになると提案しています。この考え方は、生徒をエンパワーし、夢中で取り組ませることを目指しながら、「隣に座る」ことを求める私たちの姿勢にぴったりです。個人的にも、建築プロジェクトや本、パイ生地などの出来具合を評価するよりも、それらを作り出す過程の記述に注目する方がはるかに興味深いと感じます。

教師と生徒のためのルーブリック

（7） 日本語で読めるものとしては、京都大学大学院教育学研究科が二〇〇六年度に設立したE.FORUM（https://e-forum.educ.kyoto-u.ac.jp/seika/）が参考になります。

表3.1　ルーブリックで評価可能なパフォーマンスの種類

パフォーマンスの種類	事例
プロセス ・身体能力 ・機器の使用 ・口頭でのコミュニケーション ・取り組む際の姿勢・習慣	- 楽器を演奏する - 前転する - 顕微鏡用のスライドを準備する - クラスでスピーチする - 読み聞かせをする - 外国語で会話する - ひとりで課題・プロジェクトに取り組む
作品 ・作り出されたもの ・エッセイ、レポート、期末レポート ・概念の理解を示すその他の作品	- 木製の本棚 - 溶接して造った作品 - 手作りエプロン - 水彩画 - 実験レポート - シェイクスピアの時代の演劇的技法に関する期末レポート - マーシャルプランの影響についての分析 - 構造（原子、花、惑星系など）の模型ないし図解 - 概念図

参考文献14より

ルーブリックの最大の利点の一つは、教師と生徒の両方にとって、とても有用であるということです。教師は、ルーブリックを使うことで生徒のパフォーマンスを説明（および採点）する際に一貫性をもつことができます。二〇世紀初頭からの多くの研究によって、一貫した基準がなければ、成績は教師によって大きく異なることが明らかになっています◆[57]。さらに、明確な基準やパフォーマンスの説明がない場合、（私を含めて！）同じ教師であっても成績は大きく変わる可能性があります。

　私は、初めて教壇に立ったとき、生徒の作品の採点をほとんど手探りでやったことを覚えています。カナダのマニトバ州モリス町の五年生のクラスの生徒たちに謝らなくてはなりません。まずは各ユニットのタイトルページを課題に出し、採点したことを謝罪します。巻頭ページの色使いや美しさなど、理科や社会科の学びのスタンダードとはまったく関係ありませんでした。もしスタンダードに沿っていたとしても、まだユニットが始まってもいないのに理解度を採点するのは間違っていました！　次に、タイトルページを恣意的に採点してしまったことを謝ります。明確な目標達成のための基準もないまま、恣意的に一〇点満点で採点することにしてしまいました。なぜ一〇点にしたのかわかりません。適当な数字だと思ったのかもしれません。

　最後に、採点の過程である生徒の巻頭ページを見つけて、それを完璧だとして残りの作品の基準にしたかもしれないことを謝ります。基準にした生徒は一〇点、他はすべて一〇点以下の点数としました。私は本当に何も知らなかったのです。本当です。すみません。

このやり方は、マニトバ州モリス町の新米教師だけが知っている秘密の採点方式ではありません。コメディアンのジェリー・ディーは、CBCのテレビシリーズ「ミスターD」で、無能で見当違いの教師を演じています。この番組の初期のシーズンでは、私が前述したものと驚くほどよく似た採点方法を使っています。彼と彼の相棒が地元のパブで採点する様子を描いた愉快な話です。大笑いしたいときは、この動画（https：//www.youtube.com/watch?v=0fn_vAhu_Lw）をご覧ください。

教師にとってのメリット

多くの大学のウェブサイトは、よりよいルーブリックを理解し、開発するための情報源です。その中には、教師にとっての利点を強調したものがあります。オンタリオ州キングストンにあるクイーンズ大学では、次のようなメリットを挙げています。

・評価に使う「表」を開発することができる。
・生徒を評価する際の一貫性を確保することができる。

・実際に評価をする前に、期待値と評価の要件を提供することができる。
・生徒の評定を正当化し、伝えることができる。
・詳細に記述することで、質に伴うものを明らかにすることができる。

クイーンズ大学では、効果的なルーブリックのつくり方をオンライン(8)で提供しています。

生徒のための学習ツール

経験豊富な教師がルーブリックの利点を無視して、「私にはルーブリックは必要ありません。とてつもなく長い間教えていますが、ずっと一貫した採点をしています！」と主張したとしても、それはその教師が勝手に言っているだけです。ルーブリックが生徒にとって有用なものであるという事実は変わりません。ルーブリックは生徒にとって、気づきやクラスメイトとのやり取り、評価の基準やパフォーマンスのレベルを設定する際の助けになります。

ここで、ルーブリックのもつ二つの働きを理解するために教育現場から離れてみましょう。

私が所属する教育委員会のすばらしい校長であるクリス・ファン・ベルゲイクは、優れたルーブリックの価値を製材所の木材の等級付けにたとえています。カナダ木材審議会（ＣＷＣ）によると、木材は「板の外周に樹皮が残っていること、節の大きさと位置、長軸に対する木目の傾き、揺れ、割れ目、ひびの大きさ」に基づいて、一から三の等級が付けられます。◆22

割れ目やひびなどの用語は、読者のみなさんにとってはあまり意味のないものですが、木材の選別業者には重要な意味があります。製材所で二五年の経験をもつ従業員は一目でトウヒ「マツ科に属する樹木」の板材を等級一、二、三と識別し、正確に評価できます。しかし、製材所に入社したばかりの若い従業員にとっては、木材の等級のさまざまな要素を説明する明確な評価基準がとても役に立つとファン・ベルゲイク校長は言います。明確な評価基準によって、若い従業員は適切な判断を下すことができ、美しいオーク材が合板になってしまうのを防ぐことができるのです。

同じように、優れたルーブリックは生徒に何を求めているのかを明確にし、課題に関するさまざまな質のレベルを説明するのに役立ちます。効果的なルーブリックは、経験豊富な教師にとっては当たり前のことを生徒が理解するのに役立つといえるでしょう。

オンタリオ州にあるウェスタン大学の教育・学習センターは、ルーブリックの使用が生徒にどのようなメリットをもたらすかを示しています。同センターのウェブサイトによると、◆126 ルーブリックのメリットは次のようになります。

・教師の期待を明確にしてくれる。

（8） https://www.queensu.ca/onqsupport/rubrics で見られます。

・作品をつくる目標を与えてくれる。
・作品のすべての構成要素を理解するのに役立つ。
・今後、どのように改善することができるかを明確にしてくれる。
・なぜ特定の成績を取ったのかを理解するのに役立つ。

コーネル大学の教育改革センターは、ルーブリックは生徒にとって次のような効果があるとしています。◆29

・課題への期待と構成要素を理解する。
・自分の学習プロセスや進捗状況をより意識することができる。
・タイムリーで詳細なフィードバックによって作業を改善できる。

このように多くの例から、ルーブリックが生徒を評価の世界に招き入れる上で重要であることは間違いありません。それでは、ルーブリックの種類と仕組みについて詳しく見ていきましょう。

全体的か、分析的か？　使うタイプを決める

過去二年間、私はカリフォルニア州のローズヴィル市教育委員会にある中学校が、パーセンテージ［一〇〇点満点］の成績評価から、パフォーマンスに基づく四段階評価に移行するのを支援してきました。ローズヴィル市の教育テクノロジーの責任者であるブランドン・ブロン先生と私は、二五〇人以上の教師と管理職が、生徒の学習に関するコミュニケーションの方法を大胆かつ大幅に変更するのを見てきました。下の二次元コードで、ぜひローズヴィル教育委員会の事例や文献をご覧ください。

https：//sites.google.com/rcsdk8.org/afg/home?authuser=0

ローズヴィルの教師と一緒に検討した設計上の注意点の中に、全体的なルーブリックと分析的なルーブリックの共通点と相違点があります。カリフォルニア州の七年生の歴史と社会科のスタンダードを扱った二つの例（表3・2と3・3）を見ると、次のことがわかります。

・両方とも「評価基準」「評価レベル」「評価基準の記述」という三つの重要な要素を中心に設計されている（表3・2では、評価基準は表の上に記述されています）。
・生徒にも教師にも、わかりやすい言葉で書かれている。
・一つまたは複数の学びのスタンダードにリンクしている。
・学びのスタンダードに特有の動詞と内容に焦点を当てている。

・不足している要素（不十分な証拠）があった場合、評価しないでおく方法を教師に提供するようにデザインされている。
・スタンダードを満たしているか（専門家または実践者）、満たしていないか（初心者または見習い）を示すという目標を反映している。

私たちはローズヴィルの教師に、ルーブリックの種類の選択は好みではなく、目的によるべきだと明確に示しました。ベネットとマルグリューは、全体的ルーブリックと分析的ルーブリックを比較する際に、「どちらの形式が優れているということではなく、単に目的が異なるだけである。最も重要なのは、ルーブリックの形式の選択が評価の目的に合致していることだ」と述べています。◆9

ローズヴィル教育委員会のためにデザインした全体的ルーブリックを見てみましょう（表3・2）。全体的ルーブリックには、次のような利点があります。
・短い時間で設計してつくることができる。
・効率的に使用することができる。
・評定チームが州、教育委員会、学校の試験や論文を評価する場合に、評価者間の信頼性を高

表3.2　科学革命プロジェクトの全体的ルーブリック

7.10 生徒は科学革命の歴史的発展と、宗教的、政治的、文化的な諸機関に対する持続的な影響を分析する[これは「カリフォルニア州の歴史と社会科のスタンダード7.10」に基づいている]。

理論と発明：新しいアイディアが、どのように世界を変えたか

私は新しい科学理論(コペルニクス、ガリレオ、ニュートン、ケプラーなど)と、その理論から生まれた重要な発明(望遠鏡、顕微鏡、気圧計など)に関するモデル、新聞、漫画、動画を作成できる。また、理論の起源（探検、イスラム、ギリシャ、キリスト教からの科学、ヒューマニズムなど）について論じられる。

レベル	評価基準の記述
専門家	・科学理論の起源について本質を見極めた深い理解をし、詳細な説明ができる。 ・（理論に関連する）重要な発明の包括的な図解や要約を含む。 ・使用した豊富な種類の情報源のリストを提供し、その信ぴょう性に関して説得力のあるコメントをしている。
実践者	・科学理論の起源について十分な理解をし、かなりの記述ができる。 ・（理論に関連する）重要な発明の実質的な図解や要約を含む。 ・使用した情報源のかなりのリストを提供し、その信ぴょう性について説得力のあるコメントをしている。
見習い	・科学理論の起源について適切な理解をし、基本的な説明ができる。 ・（理論に関連する）重要な発明の基本的な図解や要約を含む。 ・使用した情報源の部分的なリストを提供し、その信ぴょう性について信頼できるコメントをしている。
初心者	・理論の起源について部分的な理解をし、科学理論の初歩的な説明ができる。 ・（理論に関連する）重要な発明の簡単な図解や要約を含む。 ・使用したいくつかの情報源と、その信ぴょう性について妥当なコメントをしている。
不足・空白	生徒のパフォーマンスに関する証拠が不十分なため、現時点ではレベルを決定できない。
コメント：	

注・この数字は、カリフォルニア州の歴史と社会科のスタンダードに付されている数字です。https：//www2.cde.ca.gov/cacs/id/web/4390

注・レベルの名称については、非常に悩みました。訳者同士のやり取りを紹介します。

A「レベルの名称がネックです。分かりにくい原因になっています。何が下で何が上なのかが、読んだだけでピンと来づらいので。何か、いい方法はないでしょうか?」

B「やはり、初心者、見習い、実践者、専門家ですか。初心者と見習いのどちらが初級かというのが分かりづらいでしょうか?　カッコで「初級」「中級」など補足しましょうか?」

A「私は、そう単純ではない気もしています。もし、それがいいなら、彼らも言葉で苦労するようなアプローチを選んでいないはずですから。それをあえて険しい道を選んだ!　それはなぜか?　おそらくレベルの名称で等級化することを避けたかったから、という気がするのです。従来のランク付けの発想から逃れるために。結果的には、私たちの能力では、それも踏まえた名称は考え出せない気もしていますが、最後までもがきませんか?」

結果的に、「初級」「中級」などの補足はしませんでした。キーとなったのは「ルーブリックは生徒のパフォーマンスを判定するのではなく、説明するもの」だという筆者の言葉です。「初級」などの表記による「等級化」は、訳者Aの意見にもあるように、教師を特権化した位置に置く可能性があります。まるで生徒より上位の審判者であるように。それは、本書の考え方にはなじみません。そのため、分かりにくさはあるかもしれませんが、あえてレベルの補足はしませんでした。

めることができる。
・成績や採点の全体的な妥当性を示すことができる。

全体的ルーブリックの最大の利点は、評価に多くの時間を費やす必要がないことです。形成的なフィードバックや生徒の活動評価は、全体的ルーブリックの領域ではないので、ここでは触れません。ブルックハートは、「ほとんどの授業では、分析的ルーブリックが適している」と述べています。◆14 このアドバイスに従って、分析的ルーブリックについて詳しく見ていきましょう。

分析的ルーブリックの詳細

分析的ルーブリックの重要な特徴は、「各基準の取り組みを個別に記述する」ことだとブルックハートは言います。ローズヴィル教育委員会の分析的ルーブリックの事例（表3・3）を用いて、評価基準、評価レベル、評価基準の記述という三つの要素をより詳しく見てみましょう。

評価基準

主要な課題、プロジェクト、またはパフォーマンスは、たいてい一つまたは複数の学びのスタ

表 3.3 科学革命プロジェクトの分析的ルーブリック

7.10 生徒は科学革命の歴史的発展と、その宗教的、政治的、文化的制度への永続的な影響を分析する。

理論と発明：新しいアイディアが、どのように世界を変えたか

新しい科学理論(コペルニクス、ガリレオ、ニュートン、ケプラーなど)と、その理論から生まれた重要な発明(望遠鏡、顕微鏡、気圧計など)に関するモデル、新聞、漫画、動画を作成できる。また、理論の起源（探検、イスラム、ギリシャ、キリスト教からの科学、ヒューマニズムなど）について論じられる。

評価基準	初心者	見習い	実践者	専門家
	スタンダードを満たしていない		スタンダードを満たしている	
1550年から1700年代に登場した新しい科学理論について論じることができる。 証拠なし：□	科学理論について、初歩的な説明をしている。	科学理論について基本的な説明がある。	科学理論についてかなりの説明がある。	科学理論についての詳細な説明がある。
理論の起源（探検、科学、ヒューマニズム）について説明している。 証拠なし：□	選択した理論の起源について、部分的な説明をしている。	選択した理論の起源について適切な説明をしている。	選択した理論の起源について意味のある説明をしている。	選択した理論の起源について、本質を見極めた説明をしている。
（選択した理論に関する）重要な発明の意義を図示または要約している。 証拠なし：□	重要な発明について、簡単な説明や要約をしている。	重要な発明について、基本的な説明や要約をしている。	重要な発明の実質的な説明や要約をしている。	重要な発明について、包括的に説明または要約している。
多様で適切な情報源の信頼性を評価する。 (分析スキル) 証拠なし：□	使用したいくつかの情報源とその信ぴょう性について妥当なコメントをしている。	使用した情報源の部分的なリストを提供し、その信ぴょう性について信頼できるコメントをしている。	使用した情報源のかなりのリストを提供し、その信ぴょう性に関して説得力のあるコメントをしている。	使用した情報源の種類が豊富で、その信ぴょう性に関して説得力のあるコメントをしている。
コメント：				

注・これらのルーブリックを見ると、単に板書を写すといった「学習」ではなく、自分で調べて、考え、書くということが要求されていることがよく分かります。教師にとって、そもそもの授業の組み立てから変えることが求められます。テーマを示し、適切な問いかけをすること。調べる方法を教える、書く／描く方法を教えるというところが中心になるでしょう。従来の指導事項を教えることから、学び方や発表の仕方を教えることへの転換です。まさに、生徒たちは「高次の思考」を使っているといえます。

ンダードに対応するように設計されています。多くの教育委員会がスタンダードに基づいた成績評価モデルに移行しているため、教師は特定のスタンダードに対応した指導や評価ツールを設計することに慣れる必要があります。さらに、これは教師だけの話ではありません。生徒や保護者もスタンダードという概念を理解し、評価の方法と学びのスタンダードが明確にリンクしていることを認識することが大事です。表3・3では、「カリフォルニア州の歴史と社会科のスタンダード7・10」に対応する四つの評価基準があります。

この例では、各評価基準が動詞（論じる、説明する、要約する、評価する）で終わっていることに注目してください。ベネットとマルグリューの研究から学んだこのアイディアは、私に大きな変化をもたらしました。それまでの私のルーブリックの基準はほとんどが名詞でした。たとえば、「重要な発明」や「出典のリスト」などです。多くのことを知っていることは重要ですが、行動を決定するのは動詞であり、思考を促す力にもなります。

評価基準となる項目が「要約文」のように名詞として記載されている場合、「それがどうしたの？」という疑問が生じます。要約文を分析したり、議論したり、特定したりするのでしょうか？あるいは、要約文を書いて、お母さんに送るのでしょうか？　名詞だけだと何をしたらいいのかわかりません。試しに、楽しい名詞・動詞の実験をやってみましょう。自分の近くにいる人に大きな声で「自転車！」と言ってみてください。

どうでしたか？ その人はおそらく「自転車がどうかしましたか？」と、困惑した表情であなたを見たことでしょう。名詞の「要約文」と同じように、動詞があれば必要な指示を与えることができます。でも、「自転車を買う、乗る、デザインする」のように言えば、少なくともその会話には目的ができます。このように、動詞は生徒に何をすべきかを直接的に指示します。

【評価への示唆】

最近、私のワークショップに参加した人たちに、自分のルーブリックを批評してもらいました。ホンジュラスにあるインターナショナルスクールから参加していたある教師は自分のルーブリックを見せて、「全部名詞です！ これならすぐに変えられます」と言いました。そして彼はすぐに（しかも容易に）評価基準を動詞に変更しました。お気に入りのルーブリックを見つけて、評価基準が名詞で記載されていないか確認してみてください。

評価レベル

ルーブリックの二つ目の要素は、評価レベルです。一般的に、ルーブリックには三〜六段階の評価レベルの記述があります。これは、四段階が五段階や六段階よりも優れているということではなく、次のような点が考慮されています。
・課題に適している。
・評価レベルの記述に明確な違いがある。
・生徒が簡単に理解できる。

レベルは、少ないほどよいのです。これは記述のレベルの数も同じです。トーマス・ガスキー（182ページ参照）とブルックハートは、レベルが多くなるとレベル間の境界線上の部分を増やすことになり、最終的には誤った振り分けをする可能性が高くなると言っています。◆57 このような判断の難しい部分を「誤判定の可能性のある領域」と呼ぶことにします。(9)

たとえば、教師のボブが自分の一日を二つのレベルで表現したとします。良い日の下部と悪い日の上部が重なっている網掛けされた「誤判定の可能性のある領域」を想像してみてください。ボブは来年、自分の所属する教育委員会の教師の給料が上がるという話を聞いたとします。しかし、この良いニュースを考えながら家に帰る途中、工事現場で制限速度を無視してしまい五〇〇ドルの罰金を課せられました。自宅の玄関で、家族が「お帰りなさい、ボブ」と迎えてくれました。さて、今日は良い日だったのか？　悪い日だったのか？　彼は迷ってしまいました。交通違反のことが頭に残っているので「悪い」と言うかもしれません。しかし、来年の昇給のことを思い出して「今日は良い日だった」と報告するかもしれません。さらには、どちらとも判断がつかないままで、その夜は眠りにつくことになるかもしれません。いずれにしても、ボブは自分が「誤判定の可能性のある領域」にいることに気づきます。

四つの評価レベルの記述があるルーブリックには、三つの誤判定の可能性がありますし、六つの評価レベルでは五つです。しかし、三、四、五、六レベルのいずれであっても、九九個の誤判定の可能性のある領域をもつパーセンテージほど難しくはありません（図３・１参照[10]）。

この話題については、第四章（特に162〜167ページ）で詳しく説明します。最も重要なことは、どのレベルであっても説明は互いに異なっているということを生徒が認識することです。レベルが多ければ多いほど、一つのレベルとそれに隣り合う他のレベルとの違いに戸惑う可能性が高くなります。もし自分の一日を一〇〇のレベルで表現しなければならないとしたら、ボブは答えを出すのにもっと苦労したことでしょう。

多くの場合、学校や教育委員会、州や国の教育機関がルーブリックの評価レベルの数を決定し

（9）「誤判定」については、184・185ページでも触れています。

（10）協力者コメント「まさにペーパーテストがこれを表していると思いました。わが校は、学期の成績を一〇〇点満点で評価するのですが、六五点の生徒と七〇点の生徒はどこがどう違うのか、どの程度到達度に差があるのか、いったいどれだけの教師が説明できるのか、難しいという議論がまさに巻き起こっているところでした」。

図 3.1 誤判定の可能性があるゾーン

	初心者	見習い	実践者	専門家
習熟の尺度（レベル）	学習に関するコンセプトとコンピテンシー★の初歩を理解している。	学習に関するコンセプトとコンピテンシーを部分的に理解している。	学習に関するコンセプトとコンピテンシーを完全に理解している。	学習に関連するコンセプトとコンピテンシーを高度に理解している。

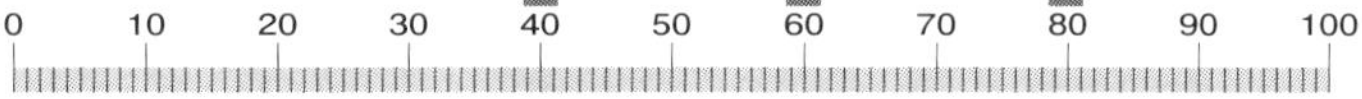

注・コンセプトは、知識や事実よりも大事な「概念」です。異なる教科を指導する時に、各教科で押さえないといけない知識は異なっても、概念を使うと教科を串刺しにして扱うことが可能になります。コンピテンシー（competency）とは、好業績を達成している人材（ハイパフォーマー）に共通して見られる行動特性のことです。豊富な知識や高い技能（スキル）、思考力のある人がかならずしも業績をあげられない事実に着目し、好業績を達成している人材にみられる行動、態度、思考パターン、判断基準などを特性として列挙したものをさします。コンピテンシーは「能力」「有能」を意味し、アメリカで1990年代に人材の採用、昇格、配置などの基準として普及し、日本でも1990年代後半から人事評価基準に取り入れる企業や団体が増えています。詳しくは、https：//www.motivation-cloud.com/hr2048/c87 をご参照ください。

ていると思います。私の住むブリティッシュ・コロンビア州では、最近、幼稚園から九年生までの学習成果を図3・1にある四つのレベルで報告することを試みています。この挑戦的な変化を受けて、私はルーブリックに四つのレベルを表す言葉を入れてみました。具体例を示しましょう。

評価基準の記述

評価基準と評価レベルが決まったら、次はパフォーマンスのさまざまなレベルを説明する――すなわち評価基準の記述を作成します。私は、生徒が基本的な要件をどれぐらい満たしているかを記述するレベルから始めるのがよいと考えています。多くの場合、これは「熟達」または「到達」と呼ばれています。一つの記述を決定したら、それを他のセルにコピーして、理解や能力が異なるレベルを示すために形容詞や他のいくつかの単語を変更します。ローズヴィル教育委員会のルーブリックではどのように行われているか、前出の表３・３の評価基準の欄を見てください。

一つの単語を変更するだけで、レベルの区別をすることができるかを考えてみてください。残念ながら、区別は明確であるとはいえません。こういった言葉には、判断や主観が入る余地がたくさんあります。たとえば、「かなりの説明」と「詳細な説明」の違いはわかりますか？ 私たちの教育委員会では、この経験を踏まえて四つのステップなら明確にすることができると考えました。

1 生徒の年齢や教科に関連して、「取り組み始めている」「基本」「かなり」「詳細」などの用語を議論し、定義する。
2 可能であれば、「かなり」や「詳細」と表現するものの例を生徒に見せる（チームで州の試験の採点をしたとき、生徒の論文を採点する前に模範例を見ることに時間を費やしました）。
3 より詳細で具体的な目標を達成するための基準を追加する。
4 生徒と一緒にルーブリックを作成する。その過程で生徒の声を活かし、主体性を発揮させる。

スコット・マッキントッシ先生と私は、彼の三年生のクラス用にスケジュール帳の表紙をデザインするときのルーブリックをつくりました。当初は従来のやり方でつくったので、ほとんどの生徒から賛同を得られませんでした。

幸い私たちは生徒のレベルに合わせて（そう、小さな椅子やカーペットに座って）、彼らが教室で評価ツールをどのように使っているのかを観察しました。そこでわかったのは、私たちが生徒にとって分かりやすいと考えていた言葉は、生徒を混乱させるとてもあいまいなものだったということです。

生徒の隣に座って生徒がしていることを観察し、真摯に耳を傾けて初めて「これの意味がわかりません」「私には意味がないです」「『しばしば』と『時々』はどう違うのですか？」などのコメントを聞くことができました。生徒と一緒につくることが、評価基準の記述を明確にする方法の一つだとすぐに気づき、表3・4をつくりました。各セルのチェックボックスの項目には、生徒が明確で理解しやすいと考える言葉が使われています。初めは批判されても、落胆する必要はありません。正しいことをするには、失敗と実験がつきものです。ちなみに、表3・4は七回書き直したものです。

教師の中には、評価基準の記述を開発する際に、「隣に座る」以上のことをする人もいます。

表 3.4　スケジュール帳の表紙のデザインに関するルーブリック

名前（複数可）：＿＿＿＿＿＿＿＿＿＿＿＿＿＿＿＿

初心者	見習い	実践者	専門家
ロゴのデザイン □基本的なもの。 □学校の一部が示されている。	ロゴのデザイン □まあまあ興味深い。 □学校の特定の部分が示されている。	ロゴのデザイン □創造的である。 □興味深い。 □学校の全部が示されている。	ロゴのデザイン □とても創造的である。 □とても興味深い。 □ユニークな方法で表現されている。
文章 □ 基本的なもの。 □いくつかの場所で正しく書かれているか、それに近い。	文章 □意味がある。 □大部分が正しく書かれている。	文章 □ 明らかにスケジュール帳と関連している。 □ほとんどが正しく書かれている。 □読みやすく、理解しやすい。	文章 □明らかに、かつよく考慮された形でスケジュール帳と関連している。 □表紙を引き立てている。 □正しく書かれている。 □読みやすく、理解しやすい。
デザインと挿絵 □下書きのような挿絵。 □影や色をつけはじめている。	デザインと挿絵 □興味深い。 □少しの陰影や色がついている。	デザインと挿絵 □興味深い。 □スケジュール帳のテーマに合っている。 □陰影や色がある程度ついている。	デザインと挿絵 □創造性に富み、飛び抜けている。 □明らかにテーマに合致している。 □完全に陰影と色がついている。
デザインと枠線 □デザインの初期段階。 □表紙を部分的に囲んでいる。	デザインと枠線 □基本的でシンプル。 □表紙のほとんどを囲んでいる。	デザインと枠線 □創造的である。 □表紙を完全に囲んでいる。	デザインと枠線 □創造的で独創性がある。 □ユニークで完成度が高い。

その他、自分の学習についての感想やコメント

生徒のコメント
教師のコメント

小学校のニコラ・コルビン先生は、二年生の野外学習の機会を増やすために革新的なやり方をしました。インタビューの中で彼女は、生徒たちが地域の中で探究的な学習をしているときにふさわしい行動とはどのようなものかについて話しています。彼女は教室を出て活動するとき、すべての生徒が自分の感情や行動をコントロールする方法を知っているわけではなく、否定的な行動が学習体験の邪魔になることが課題だと述べています。生徒に分かりやすい言葉で積極的な行動を説明するのに苦労していた彼女は、「生徒に説明文を書いてもらおう!」とひらめきました。コルビン先生は、表の枠組みをつくり、簡単なパフォーマンス評価基準と三段階の評価レベルを決めて、記述欄は空白のままにしておきました。彼女の説明は次のとおりです。

適切な行動がどのように見えるのかを学び、外に出てそれらを体験した後、一緒にルーブリックの評価基準の記述部分を考えました。「できるようになりつつある」レベルはどう見えるのか、「満たしている」レベルとはどう見えるのか、などを話し合いました（二〇一九年六月二五日の私信）。

コルビン先生は、三人一組のグループで生徒に評価基準の記述部分を作成させて、生徒の声と選択を引き出す方法に変えました。このやり方では、記述の意味を説明するのに時間とエネルギーを費やしていたときよりも、生徒の取り組みの度合いが高まりました。また、生徒が成果を示すことに関心をもてば、自己価もしやすくなります。生徒の声とエンパワーメント（13ページの注3参照）を高めることの重要性について、コルビン先生は次のように述べています。

生徒それぞれの経験にこそ価値があるということを私たちは示しました。実際に、生徒たちが自己評価した記述をコメント欄に転記しているとき、それぞれの生徒が特別な存在であると思わされました。私はルーブリックの枠組みは作りましたが、その中に入れるのは教師の声ではなく、生徒の声だと思っています（二〇一九年六月二五日の私信）。

コルビン先生の三人の生徒が、表3・5の記述の部分を書きました。

生徒の関与の度合いにかかわらず、記述の中の一つまたは複数のキーワードを選択し、異なるパフォーマンス・レベルに対応するように変更することは、困難で時間がかかります。この課題に対応するため、私は自分の教育委員会の教師向けに「ルーブリックサポート資料[11]」を作成し

（11）次のアドレスにルーブリックに関する資料があります。https://myrondueck.wordpress.com/resources-and-tools/の、https://www.dropbox.com/sh/qsuczvpx9w55jq6/AADov9MkWcOeutz2BYKnnplia?dl=0

表 3.5　生徒が記入した記述を使ったルーブリック

評価基準	できるようになりつつある	満たしている	熟達している
自分の周りの世界を観察する。 *大地を歩き、沈黙を実践する。*	「同じ場所に行って、ゲームをしているようなもの」	「ハイキングに行って、花を見たり、新しい場所に行ったりするのと同じようなもの」	「より多くの場所を見るために新しい散歩をするようなもの。ゆっくり歩いて、実際に見たり触ったりする」
自分の考えを適切に説明する。 *物語をつくる。*	「言いたいことがあっても、説明するのが難しくて、自分の考えを忘れてしまう」	「ハイキングの後に物語を語るようなもの。何かが起こったときには、後で説明する必要がある」	「コミュニティー・サークルでは、考えや感情を共有する。アートを使って、いろいろな方法で説明する」
つながりをつくる。 *物語をつくったり、人や場所の名前を覚えたり、自分の人生に関連づけたりする。*	「私の物語には、いくつかの具体的な内容があるが、もっと具体的にできる。また、私が聞いた他の話に似ている」	「動物や木などを見て、それを学校でのプロジェクトにつなげる」	「親との思い出のようなもの」「キャンプで棒を集めるように、家族や感情を自分の人生とつなげる」

ニコラ・コルビンの許可を得て使用

ました。

この資料は、アルバータ評価協会のベネットとマルグリュー、およびブリティッシュ・コロンビア州のナナイモなどの教育委員会で行われた実践を参考にしています。効果的な評価基準の記述を作成したいと考えている教師にとって、とても有用なものとなっています。

各教科、学校、教育委員会のリーダーは、教師たちが共通の言葉をもてるように支援してほしいと思っています。そうすれば教師の助けになるだけでなく、異なる学習環境であっても生徒が一貫性を感じられるようになるからです。

各評価レベルの言葉を考え出すことは

最終段階ではなく、生徒が自分の学習について語るのを可能にするための重要な手段なのです。私は、教師と生徒にルーブリックを「生きた文書」と捉えて、常に変更や修正を加えることを勧めています。

また、言葉は、それを使う人にとって意味があるかどうかで価値が決まるということも忘れてはなりません。生徒が「科学理論の詳細な説明をする」という例を目にすれば、自分なりのやり方で、さまざまな状況に対応できるようになるでしょう。個々の教師、教科、学校、または教育委員会が、匿名の生徒の例題とそれに対応するルーブリック評価を保存・共有する場所、たとえばウェブサイトのポータルの活用することなどをお勧めします。

ルーブリックの作成に関する七つの考慮事項

基準に動詞を使用することの重要性など優れたルーブリックの要素について、すでに説明しましたが、他にもまだ重要な要素があります。以下の七つの考慮事項は、私がさまざまな教育委員会の教師と一緒に行ったルーブリックづくりの経験から得たものと、「ルーブリックの設計と作成における共通の欠点」を特定したベネットとマルグリューの研究に強く影響を受けています。◆9

これらは単に「エラー〔間違い〕」ということもできますが、多様な教室や地域のさまざまな状況を反映しているので、私は「設計上の考慮事項」と呼びたいと思います。ある教室では効果的なルーブリックであっても、別の教室ではうまく機能しないかもしれないからです。

「設計上の考慮事項」は、教師の能力と理解を深めることを目的としています。もしかしたら、職員会議や教科会議で、興味深い議論のきっかけになるかもしれません。また、すでに教室や学校で採用しているルーブリックの再検討にも使えます。私はこれを、「生徒と一緒にルーブリックを設計したり使用する際に、どのようにすればルーブリックをもっと利用しやすくし、学習を促進したり伝えたりするのに効果的なものにしていくことができるだろう？」という永遠の問いに答えるためにも使っています。

1　最高レベルのパフォーマンスは達成可能であることをモデルで示す

私は多くの教師と仕事をしてきましたが、習熟度の最高レベルに合った指導や活動、評価の設計について苦労することがよくありました。教師が、習熟度の高い生徒のパフォーマンスを説明する際に、「私が『ワオ！』と言わなくてはいけない」などと言っているのを聞いたことがあります。こんなことでよいのでしょうか？　生徒への指示はその程度のものでいいのでしょうか？　生徒のパフォーマンスの質の高さに驚いて喜ぶ気持ちは分かりますが、「『ワオ！』となった」などというあいまいな表現ではなく、もう少し論理的な表現が必要でしょう。

ブリティッシュ・コロンビア州が作成した四段階の評価レベルの草案では、最上位のレベルは「継続して成長している」と表記され、「生徒は、学習に関連する概念と生涯にわたって使える能力について高度な理解を示しています」と説明しています。また、メキシコのモンテレイにあるアメリカンスクール財団では、最上位のレベルは、生徒が学習内容を新しい場面や状況で「使いこなせる」能力に焦点を当てています。「洗練された」「応用・活用」「熟達ないし専門家」「高度な」など、どのような言葉を使おうとも、生徒のパフォーマンスが評価レベルの上限に達したときにどのようになるかを教え、モデルで示すことが重要です[12]。

モデルを示した後は、生徒自身がそのやり方やスキルを練習し、さらに磨きをかけられるようにします。生徒自身が答えを導き出し、どう反応したらいいかを考え、プロジェクトをつくれるようになれば、生徒は自信をもって自分の道を切り開いていくことができます。

レベルを説明する際に、私は「超える」という言葉は避けた方がよいと思っています。この言葉は習熟度評価でよく使われていますが、この言葉は混乱を招き、効果もないと感じています。その理由は、生徒（に限らず誰でも！）がどのようにしてスタンダードを超えるのか、私にはよく

(12) 協力者コメント「ここを間違えると、ルーブリックがチェックリストのようになってしまい、かえって児童の成長を妨げることがある。特に、能力の高い子どもが『これだけやったからいいでしょ!?』とある程度で手を打つようなことにならないような表現・仕組みが重要である」。

分からないからです。
教師が「超える」ということは、次の学年の教材に取り組むことを言っているのだとよく聞きます。これも問題があります。七年生の数学の最高レベルを八年生のカリキュラムで説明するのはいかがなものでしょう。八年生の数学教師は、自分が扱おうとしている話題や基準を、すべての生徒がすでに経験していることに苛立ちを覚えるかもしれません。誤解のないようにいっておきますが、能力の境界線上にいる生徒に挑戦させるため、さらに高い学年レベルの概念を含む成長のための活動を行うことには、何の問題もありません。しかし、「来年の教材」は、すべてのレベルの生徒が習得する基本にするべきではありません。多くの国で、一学年の基準の数は一年で達成できる数を超えています。[77]

2　向上中のレベルを表すには、強みを生かす言葉を使う

最近、最も低いレベルの記述を強みに基づいた言葉で表現しようとする教育委員会が増えています。ブリティッシュ・コロンビア州がK－9報告方針の草案で次のように述べているのを見て、最初は少々疑問に思いました。

　強みを重視したフィードバック――強みを重視したやり方では、生徒の学習は躍動的で全

体的なものとなり、生徒はさまざまな方法や速度で学習します。フィードバックは、生徒ができることや、努力していることに重点を置きます。◆12

これを読みながら、ある考え方が蘇《よみがえ》ってきました。「『強みに基づいた言葉』というのは『全員一等賞』と同じことなのだろうか？ 現実を見なければいけない生徒もいるのではないか？」と私は思いました。しかし、私自身が大人や生徒、そして自分の子どもたちと接してきた経験から考えると、このアイディアをすべての生徒に向けて展開することにメリットを感じ始めたのです。

私は現在、息子が所属する高校の強豪バレーボールチームを指導しています。息子は主としてセッターのポジションを担当しています。彼は攻撃の指揮をとるのが上手になってきましたが、まだ若く、成長途上の選手なので学ぶべきことがたくさんあります。私はコーチとして彼に指示を与えたり、戦略を議論したり、試合中の彼の判断に意見を言ったりすることがよくあります。特に試合に負けた後は、帰りの車の中で不満をぶつけたり、質問したり、アドバイスしたくなります。しかし、一〇年以上もスポーツに携わってきたコーチとして「何が悪かったのか」から話を始めると、うまくいかないことに気がつきました。管理職が部下と話し合わないといけない問題があった場合、部下が間違ったことから話を始めるのも同じです。夫として、家族の問題について妻と話し合うときも同様で、「彼女が間違ったと思うこと」から話を始めてしまいます。これは一つのお決まりの形だと思いませんか?

正直に言って、自分の欠点に焦点を当てた会話を他人が始めるのは好ましくないでしょう。もし、自分の課題や欠点について話すなら、自分で話す機会を選ぶことができれば少しは気が楽になるかもしれません。大切なのは、生徒が間違いを見つけ、改善し、失敗を学ぶ機会と捉えることができるような前向きで敬意を払った会話をすることです。史上最高のバスケットボール選手であるマイケル・ジョーダンが、成功の鍵としていつも失敗を挙げていたことを思い出します。「私は人生で何度も何度も失敗してきた。だからこそ、私は成功した」と彼は言っています。◆59

もしジョーダンが正しければ、教育現場は失敗の重要性を再認識するという課題を抱えています。しかし、取り組み始めているレベルが否定的な言葉でつくられているとしたら、この課題はさらに困難なものになるでしょう。たとえば、否定的な感情や人間関係に悩まされている家庭で育った、最も傷つきやすい生徒たちのことを考えてみてください。あなたの提案や意見が、すべて自分のミスを指摘したものであれば、すぐに受け入れてくれると思いますか? 私はそうは思いません。

多くの教師は驚くかもしれませんが、最も苦しんでいる生徒、すなわち学習の第一歩を踏み出した生徒の成果は、強みを活かす言葉で表現することができます。この点について教師から質問を受けたとき、私は四〇代まで一度もスケートをしたことがないのに、アイスホッケーを始めた知人の話をよくします。彼は後ろ向きに滑ったり、スラップショットをしたり、止まりたいときに止まったりすることもできませんでした。しかし、彼は自分の欠点は強調せず、苦笑いを浮かべながら次のように報告してくれました。「私はスケートの靴ひもを結べます」。まさに「強みを活かした報告」の典型的な例です。

（注・ルーブリックの「コメント」欄は、変更や改善が必要な点を生徒——場合によっては保護者に示すために使用することができます。コメント欄の言葉は強みに基づくものである必要はなく、その生徒の学習の仕方の何が問題で、どのように変更する必要があるのかも説明することができます。）

ブルックハートが、ルーブリックは生徒のパフォーマンスを判定するのではなく、説明するものだと述べていることを思い出してください。[14] 判定が目的ではないのであれば、積極的な学習者としての自己認識と自信を深めるために言葉を使うべきでしょう。最近、ワシントン州のサウス・キトサップ教育委員会を訪問したとき、一人の教師が「すべての生徒にルーブリックの最高レベルを達成するように促すべきでしょうか？」と質問してきました。特殊学級の女性教師がすぐに発言し、生徒をレベル分けしたりランク付けしたりする傾向を批判的に考えるよう呼びかけました。そして、彼女は生徒全員が上位のレベルを目指すのではなく、学習は生徒にとって「個人的で個別的な追求」と考えるべきだと提案しました。中には、「初歩」や「取り組み始めている」レベルの記述を達成することが大きな成果となる生徒もいます。また、「取り組み始めている」から「成長している」レベルになったことを、「実践者」や「専門家」レベルに達していないと考えるのではなく、喜ぶ生徒（および保護者）もいると指摘しました。彼女は、私たちの尺度を階層ではなく一人ひとりの生徒の学習という視点で見るべきであり、誰もが学習の過程で異なる位置にいることを認識すべきだと主張しました。彼女がこの貴重な視点を提供してくれたとき、私は先ほどの友人の自己評価を思い出しました。「私はスケートの靴ひもを結べます」。

生徒と保護者は、成長、そして達成の価値を理解する必要があります。しかし、この二つのどちらか一つだけを選ぶ必要はありません。ハッティの言葉を借りれば、「成長があってこそ達成できる」からです（二〇二〇年七月二三日の私信）。このように考えると、成果（パフォーマンス）ばかりに目を向けることには注意が必要です。私の場合、成績は良いがほとんど成長していない生徒を褒め、逆に成績が悪くても大きく成長した生徒を評価しないことが多々ありました[13]。

3　確立されたスタンダードに関連する評価基準を使う。チェックリストを活用する

教師はスタンダードには明記されていない事柄を、生徒に求めていることが少なくありません。たとえば、レポートや台本が段落やスペル［綴り］、文法、句読点が適切であるかを確認したりす

ること。また、少なくとも五つの出典を記載したり、ポスターが完全に塗りつぶされていたり、ＡＰＡスタイル[14]を使って引用することなどです。

教師はこれらの要件すべてをルーブリックのレベルに含める必要があると考えるかもしれません。しかし、この思い込みには、少なくとも次の三つの問題があります。第一に、一般的にこの種の要求事項は学びのスタンダードを反映していません。第二に、この種の説明に関する言葉は、通常、学習よりもルールを守ることに焦点が当てられています。第三に、スペルや文法や引用のようなものの習熟のレベルを設定することは困難です。それらは実行されるかされないかの、いずれかだからです。

解決策として考えられるのは、質ではなく実施したかどうかによって定義される要素について、「必ずやること」のチェックリストを作成することです。◆14 ブルックハートは、「指示が守られてい

(13)「これは個人的にも非常に頷けてしまう例です。今の成績システムの限界を指しています。すると、どうしても『では確かな成長をどのように測ることができるのか?』という批判の声も聞こえてきます。日本では入試に成績が直結しているからでしょうか。ここは本当に悩ましい所です」という協力者のコメントがありました。

(14) ＡＰＡ（American Psychological Association／米国心理学会）スタイルとは、社会科学、行動科学、ビジネス、看護分野の執筆者や学生が一般的に使う論文形式です。通常ＡＰＡ引用・参考文献は、著者名、発行年、引用元書籍名を明記します。ＡＰＡスタイルの文中引用スタイルは"author-date"方式といわれます。その名の通り、引用部分の末尾に括弧書きで（文献・資料の著者の名前・出版年度）のように表記する方法で、本書でもこの方法を用いています。

るか、必要な要素がすべて揃っているかを確認するためにチェックリストを使用する」ことを提案しています。チェックリストは、ルーブリックとは別につくってもよいし、ルーブリックに組み込むこともできます。以下の要素がチェックリストに適しています。

・私は自分のレポートを校正した。
・少なくとも五つの情報源を含んでいる。
・レポートはタイプされていて、すべての書式と引用はＡＰＡスタイルである。
・このレポートの評価に使用されたルーブリックを読み、自己評価として完成させた。

スタンダードに基づく成績評価と報告の仕組みを確立する際に、ルールを守ることと学習目標を切り離すことは、とても重要です。◆38・56・61・93・94

4　定量的な表現を避ける

私が過去につくったルーブリックを見ると、項目の数や量がレベルの違いの説明になっている例がありました。たとえば、「適切で多様な情報源のリストを作成する」という基準の場合、「取り組み始めている」「成長している」「上手にやれる」「継続して成長し続けている」の各レベルでは、それぞれ一つ、三つ、五つ、七つの情報源が必要となっています。生徒の立場からすると、このような数字は、学習や活動の本当の目的を損なうことになります。ベネットとマルグリューは、定量的な表現は生徒の関心を質（ないし、学ぶこと）から「いくつやればいいのか」に移す可能性があると指摘しています。[9] 私の教室での経験は、確かにそのとおりでした。生徒がすぐに数字（たいていは学習上の目標を達成するための最低条件）を見て、どれだけ努力するのか、どれだけ深く関わるのかを決めているのを見てきました。

教師の立場からすると、定量的な表現を使いたくなります。そうすれば、生徒に明確な情報を与え、測定可能な変数を追加することによって成績や得点を決定する際の主観性を減らせるように思うからです。しかし、私は一般的に学習の質は、項目の数よりもはるかに重要であると認識しています。どちらかといえば、生徒がウィキペディアから三つの項目を挙げるよりも、一つの識見に富んだ雑誌記事の情報を調べて発見してほしいと思いませんか？　そうであれば、私たちが最も大切にしていることを反映した記述を作成するようにしましょう。

一方、項目数が多いと生徒に明確な目標を与えることができます。また、具体的な指示を必要とする生徒もいます。「設計上の考慮事項」の3に戻りますが、もし生徒に多数の情報源をもつことを要求するのであれば、これを「必ずやること」とするか、チェックリストに組み込むのがよいでしょう。ベネットとマルグリューは次のように提案しています。[9]

「教師は、生徒のあるスキルを示す証拠を集めるために、最低四つの情報源が必要であると判断したとします。この最低限の情報源がないまま課題を提出した生徒は、課題を完成させる前に情報源を追加するための支援が必要かもしれません。しかし、これで成績が下がるというペナルティーは科しません。」

5 「すべて」「みんな」「常に」「決して〜ない」のような絶対的な表現は避ける

ロブ・レイナルダは、三〇年近く印刷業界に身を置き、ハフポスト[15]に文章や言語に関する記事を定期的に寄稿しています。皮肉なタイトルの記事「絶対的なものを使ってはいけない理由」の中で、彼は次のように書いています。「一〇〇万回のうち九九万九九九九回は多いが、必ずしも『常に』とはいえない。『ほとんど』『ほぼ』あるいは『見たところ』といった副詞を使うことで、敵対的とか非難と受け取られかねない言葉を和らげることができる」◆106。彼の言葉は、ルーブリックをデザインする際に「常に」役に立ちます。

絶対的な言葉を使う最大の問題点は、生徒のパフォーマンスを評価する際に教師が窮地に追い込まれることです。記述に「すべて［every］」のような単語が含まれた瞬間、教師に与えられた判断や裁量の多くが吹っ飛んでしまいます。ベネットとマルグリューは「慎重につくられた作品であったとしても、たった一つの重大なエラーがあると、すぐさま低いレベルに追いやられてしまう」と述べています。さらに重要なことは、生徒が絶対的な言葉に直面した場合、学習や探究、リスクを取ることとは反対の決断をする可能性があるということです。それは生徒にとって極めて合理的で戦略的なものです。たとえば、「すべての例を詳しく説明すること」という記述があった場合、集めた五つの例の説明に自信がある生徒は、六つ目の例がまだ直感のレベルだったり、新しい学習の分野だったり、わずかな資料しかないため、まだよくわかっていないと判断したりすると、それを加えることはしなくなります[16]。

６ 評価基準の記述に複数の変数を組み合わせることは避ける

表３・６の基準（ローズヴィル教育委員会で作成したものの修正）と、四つのレベルの記述を読んでみてください。このルーブリックでは、習熟のレベルを決定するのは難しいでしょう。そのこと

(15) ハフポストは二〇〇五年にアメリカで創設された世界最大級のネットニュースメディアです。二〇一五年にはFacebookで1位のパブリシャーとしてランクされました。二〇一七年四月、媒体名を「ハフィントンポスト」から「ハフポスト」に変更しています。ハフポスト日本版は二〇一三年から朝日新聞社との合弁企業「ザ・ハフィントン・ポスト・ジャパン株式会社」が運営を開始し、二〇二一年五月一日からは会社合併により「BuzzFeed Japan 株式会社」が運営しています。https://www.huffingtonpost.jp/

(16) それを追究することで最も多くの学びが得られるかもしれないのに、です。

表3.6　複数の変数を組み合わせたルーブリック

評価基準	レベルと記述			
	初心者	見習い	実践者	専門家
選択した理論に関連する重要な発明の意義を、画像を含めて図示または要約することができる。	重要な発明の**簡単な**図解および要約と一つの画像を提供する。	重要な発明についての**基本的な**図解や要約ができる。画像は少ない。	重要な発明といくつかの画像について、**実質的な**図解や要約ができる。	重要な発明の包括的な図解や要約、および**多くの**画像を提供している。

が分かりますか？

一つの基準の行に二つの異なる変数が含まれている場合、生徒は自分のパフォーマンスを自己評価する際に混乱し、不安や不満を感じるかもしれません。重要な発明についての要約は包括的なものになっていますが、画像は一枚しか含まれていない場合は、どのような記述をすればよいのでしょうか。また、「書く・描く」と「集める・まとめる」では、その性質も異なります。表3・6の例で、この問題を回避する方法としては次のようなものが考えられます。

・画像を含めるための別の評価基準を追加する。
・チェックリストや「必ずやること」の中に画像の使用を含める。
・二つの評価要素のうち一つを省略して、将来の課題とする。

7　同じ行の記述は同じ特性を示していることを確認する

表3・7の評価基準と記述を見て、七年生が理解できるような方法で問題を説明してみてください。この例では、ベネットとマルグ

リューの文献を参考にして、表3・6と同じルーブリックを使用しています。◆9

みなさんは、課題の内容を分かりやすく説明できましたか？ 私が教師たちのグループに何が問題かを説明するように要求したとき、何人かは単純に「何だかピンとこない」と報告しました。私もそう思います。それは、なぜでしょうか？ 教師たちはこの問題を次のように説明しています。

・内容的に異なるものを混同して記述している。
・「表面的」は深さを、「部分的に正しい」は正確さを表している。
・部分的にだけ正しくて、実質的な要約もあり得る。

このような問題を避けるためには表現したい質を特定し、それを言い表す連続した単語［この場合は四つ］を決定することが重要です。表3・7の例では、次のように考えられます。

・初心者：**初歩的な**図解や要約ができる。
・見習い：**基本的な**図解や要約ができる。
・実践者：**詳細な**図解や要約ができる。
・専門家：**深く掘り下げた**図解や要約ができる。

表 3.7　あいまいな記述のあるルーブリック

評価基準	レベルと記述			
	初心者	見習い	実践者	専門家
選択した理論に関連する重要な発明の意義を図示または要約することができる。	重要な発明（選択した理論に関連する）の**表面的な**図解や要約ができる。	重要な発明（選択した理論に関連する）について、**部分的に正しい**図解や要約ができる。	重要な発明（選択した理論に関連する）について、**実質的な**図解や要約ができる。	重要な発明選択した理論に関連する）について**正確に**図解または要約している。

適切ないくつかの単語を決定した後、生徒に例を示したり、クラスで会話をしたり、具体的な目標達成のための基準を加えたりすることで、あいまいさや主観性を減らすことができます。

表3・8は、以上の七つの考慮事項を満たすルーブリックを作成するためのチェックリストです。

事例の提供

ルーブリックを効果的に作成して使用するために、生徒と教師はツールと使用方法の練習を組み合わせる必要があります。たとえば、生徒は「詳細な要約」と「初歩的な要約」の違いについて、例を見ると理解することができます。他人の作品を例として見せると、生徒が真似をしてしまうのではないかと心配になりますが、最近の学校や「実社会」での経験から、私の考えは変わりました。建築やリフォームの

表 3.8　７つの考慮事項に関するチェックリスト

1	最高レベルのパフォーマンスは達成可能であることをモデルで示す。 □定義は達成可能で、達成できたかどうか判断できる重要な点を記述している。 □すべての項目がその学年の基準内にある。 □このレベルでの目標を達成する方法が定義／モデルで示されている。
2	取り組み始めたばかりのレベルを表すには、強みを生かす言葉を使う。 □どのレベルの言葉も、生徒ができることを示している。 □学習が苦手な生徒の記述は、成長と能力を示している。
3	確立されたスタンダードに関連する評価基準を使う。チェックリストを活用する。 □評価基準は確立された学びのスタンダード／目標を示している。 □記述の言葉は、質の異なるレベルを示している。 □スペルや形式などの守らないといけないことはチェックリストを使う。
4	定量的な表現を避ける。 □レベル分けされた表現では、数量または数値を判断材料として使用しない。 □必要な要素や守るべきルールは、チェックリスト形式で示す。
5	「すべて」「みんな」「常に」「決して～ない」のような絶対的な表現は避ける。 □レベル分けされた言葉は、小さなミスやリスクを許容する余地を残す。 □記述は、教師と生徒が自分の判断で使うことをエンパワーしている。 □ルールを守ることよりも学習と探究を重視する。
6	基準となる行に複数の変数を組み合わせることは避ける。 □評価基準は一つの変数または密接に関連する変数を示す。
7	同じ行の記述は同じ特性を示していることを確認する。 □各記述の表現は同じ重要な点を示している。

プロジェクトに着手しようとするとき、他にどんなものがあるかをまず探します。他の人のアイディアを知ることで、自分の考えにも良い影響があります。私たちの生徒は、他の生徒の作品の例を安心して見ることができるので、より多くのことを学び、評価の過程をよりよく理解することができると思います。

生徒にとって、あらゆるレベルの習熟度を示す実例を見ることは有益ですし、教師も実例があればその違いを示すことができます。ブリティッシュ・コロンビア州の第六七教育委員会でルーブリックを作成した際に、私たちは記述の違いを説明するため生徒の作品例を集めるという目標を立てました。

ウォークアバウトルーブリックを必要とする革新的な評価ツール

私の友人であるラス・リード先生の話は、すでにしました（68ページを参照）。彼は思慮深い教育者で、現在ブリティッシュ・コロンビア州のペンティクトン中等学校で社会科を教えています。リード先生は、生徒にとって意味のあるルーブリックをつくるために率先して取り組んでいます。リード先生は、人文地理の授業で「ウォークアバウト」というユニークな評価の機会を設けるため、同僚に協力してもらうことにしました。「ウォークアバウト」とは、生徒が教室で学んだ概念やテーマに関連するものと教室の外で出会うというものです。生徒たちは関連するものを見つけたら、その対象をデジタル画像などでとっておいて、教室で学んだ概念と結びつけます。

中等学校（中学・高校）の例

人文地理クラスの期末テストで、リード先生は一日だけだった試験を三日に分けて行うことにしました。彼の目的は以下の通りです。

・生徒が自分の地域で、人文地理の授業で理解したことをどれだけ効果的に応用できるかを明確に判断する。
・生徒が携帯電話などの個人用ＩＴ機器を使えるようにする。
・最終試験で生徒が自分の声を発し、エンパワーする（13ページの注３参照）機会を提供する。
・詰め込みや暗記など、すぐに忘れてしまうような情報ではなく、瞬間的な応用力や長期的な理解力を評価する。

リード先生は、期末テストの一日目はほぼ普通の形式を採用しました。そして、第二段階はあまり知られていない新しい方法で行うことにしました。試験二日目、生徒たちは「近くに出かける準備をしておいてください」とあらかじめ知らされた上で教室にやってきました。これからの二日間、生徒たちはとても魅力的なテストの評価を体験することになるとは思いもしませんでした。リード先生は、次のような流れで生徒たちを指導しました。

1　導入　リード先生は、人文地理の授業の中心的なテーマを示した九つの引用文を生徒に渡した。その中には、「汚染に国境はない」「都市化と工業化は、環境に極めて悪い影響を与えている」などが含まれている。

2　活動　生徒たちは、三五分から四〇分ほどかけて地域内を歩くことになると説明を受けた。リード先生は予定したルートの地図を示した。

3　目的　生徒は、人文地理の授業のテーマを表している例やシンボル、構造物を地域の中で探す。各自、テーマを象徴するものを見つけたら、自分の携帯電話や用意されたタブレットを使って写真を撮影する。

4　課題　生徒は、異なる引用文に関連した写真を合計二枚撮影する。

5　学習の実証　学校に戻った後、生徒は、人文地理の授業の一つまたは複数の学習ユニットから得た情報や例を用いて、それらの写真がどのように関連しているかを説明するため、三〜五段落で構成される説明文を書く。生徒は、写真を撮影したのと同じ機器を使って、裏づけとなるデータや他の情報にアクセスする。

6　時間割　この活動を完成させるには、二日分の授業時間が必要である。一日目は歩きながら写真を撮り、自分の選択を裏づけるための下調べをし、二日目に引用文との関係を説明する文章を書く。

生徒はそれぞれの捉え方で、三つの要素である「学習ユニット（で学んだ情報や事例）」「引用文」「写真」の関係を説明します。例を挙げてみましょう。

・学習ユニット　都市化

・引用文　「未来は緑になるか、まったくならないかのどちらかだ(17)」
・写真　通りに置かれているリサイクルボックス

リード先生は、生徒と一緒に新しい革新的な評価の仕方に挑戦しました。これは、本書のテーマである「生徒の声とエンパワーメント」「夢中になる取り組み」「自己評価」を取り入れたすばらしい例です。

生徒の声とエンパワーメント　生徒たちは、三つの異なる要素について自分たちで決定することができます。まずテーマを決めて、それに合った写真を撮ります。また、イメージが湧くのを待って、それに対応する言葉を選ぶこともできます。そして、自分の選択が人文地理の授業とどのように関連しているかを説明したり、自分で裏づけとなるデータや情報を選択したりする自由が与えられました。

(17)　協力者からのコメントで「この引用文は英語らしい主張のやり方かもしれませんが、実際は緑にもなるし、ならないところもある、という答えになると思うので僭越ですが微妙な主張だと感じてしまいました。そこで質問ですが、どうしてこのような明確な二項対立の引用文にしたのでしょうか?」というものがありました。これは前掲の『たった一つを変えるだけ』にある「問いの焦点」と考えられます。極端にも見える主張を設定することで、それについて考えるきっかけにするというものです。

夢中になって取り組む［エンゲージメント］　生徒に選択肢を与え、学校の外に出て自分たちの地域で実際の例を探すことで、生徒はとても積極的に取り組みました。リード先生が状況の変化に気づいたのは、生徒たちが「リード先生、イメージが湧いてきました」「早く戻って試験を始めましょう」とか、「早く戻りたいよ。言いたいことがあるんだ！」と、思いもよらなかった言葉を口にするのを聞いたときでした。「試験を始めるのに興奮している生徒を見たのは初めてです」とリード先生は言います。

自己評価　この革新的な方法の学習の結果を評価するために、リード先生と私は協力して明確な基準を設定し、カリキュラムのスタンダードに対応するルーブリックを作成しました（表3・9）。生徒は、引用文への反応の構成を決める際にルーブリックを使用し、提出前の自己評価にも使用しました。

リード先生は、試験を受けた生徒の反応に驚きました。生徒たちは、地域を散策する中でさまざまな画像を選び、それを個性的で斬新な方法で人文地理の授業に関連づけていました。ある生徒は、道路脇に捨てられたファストフードの容器を撮影し、それを都市化というテーマに関連づけて、ドライブスルーレストランとそれに伴う排出ガスの影響についてレポートを出しました。また別の生徒は、一時停止の標識を撮影し、都市のスプロール化[18]による悪影響を「止める」にはどうしたらよいかを論じていました。

ちなみに、リード先生は生徒の電子機器の使用を禁止するのではなく、評価に取り入れることができないかという考えをもっていました。リード先生は、「生徒が毎日、どこにいても常に電子機器にアクセスできるというのは、何か人工的な、あるいは不自然なことのように思えます。でも、生徒の理解度を評価するときは別です。電子機器を禁止するのではなく、むしろそれを組み込んだ評価ツールを設計するにはどうすればよいかを考えるべきなのです」と述べています。

小学校の例

『エッセンシャル思考』の中で、著者のグレッグ・マキューンは、「もしも学校のつまらない授業をやめて、もっと世の中の役に立つことをやったらどうなるだろう」と問いかけています。◆85 110ページで紹介した小学校［三年生担任］のマッキントッシュ先生は、まさにマキューンの提案を実行しました。

（18）都市の急速な発展によって、都市部から郊外に向けて無秩序・無計画に市街地が広がっていく現象のことです。

表 3.9　中等学校用ウォークアバウトのための分析的ルーブリック

課題：地域で 2 枚の写真を撮影した後、それぞれの写真について 200 ～ 250 語の文書を作成し、写真を 9 つの引用文のうちの一つと関連づける。

作品：タブレットまたは個人用電子機器で文書を作成し、(1) 引用文と写真の間の明確な関連性を論じる、(2) 人文地理学のテーマや概念がどのように関連性を強化するかについての理解を示す、(3) データ、調査、または事実によって自分の主張や立場を説明する。

提出するドキュメントには、(a) あなたの名前、(b) 引用、(c) 写真、(d) あなたの捉え方が含まれていることを確認してください。

評価基準	初心者	見習い	実践者	専門家
引用文と写真の間の明確な関連性について説明する。 証拠がない：□	引用文と写真の間に**基本的な**接続がある。	引用文と写真の間に**適切な**接続がある。	引用文と写真の間に**意味のある**関連づけがある。	引用文と写真の間に**本質を見極めた**関連性がある。
人文地理学のテーマや概念がどのように関係性を高めているかを理解していることを示す。 証拠がない：□	引用文と写真の間の関係を強化するためにコースからのアイディアを使用しようとして、**初歩的な**理解を示している。	**基本的な**理解を示すために、コースからのアイディアを**多少**使用して、引用と写真の間の関係を強化している。	引用文と写真の関係性を高めるためにコースのアイディアを**有意義に**使用することで、**実用的な**理解を示している。	引用文と写真の関係性を高めるためにコースの アイディアを**巧みに**使用して、**包括的な**理解を示している。
関係性のある正確な情報（データ・調査・事実）を用いて議論や立場を説明する。 証拠がない：□	選択した立場を証拠を使って**説明しようとしている。**	いくつかの証拠を含めて、選択した立場を**部分的に**説明している。	相当の証拠を含めて、選択した立場を**しっかり**説明している。	包括的な証拠を含めることで、選択した立場を**総合的に**説明している。
チェックリスト	□写真 2 枚を含む　□ 3 つの情報源から引用した □このルーブリックを使って自己報告した □自分の文章をしっかり校正した			
コメント （生徒または教師）				
ウォークアバウトの総合評定 （1つチェックしてください。）	初心者 □	見習い □	実践者 □	専門家 □

ブリティッシュ・コロンビア州の学習成果：異なる視点、出典の信頼性、証拠の妥当性を調査した後、地理的証拠のさまざまな解釈を評価する（証拠と解釈）。

ラス・リードおよびマイロン・デュークの許可を得て使用

中等学校でのリード先生の授業に触発されたマッキントッシ先生は、小学校版のウォークアバウトに着手することにしたのです。同僚のニコラ・コーヴィン先生が日常的に野外学習を授業に取り入れていることを知り、彼女の専門知識を活用しようとも考えました。一人でやるよりも協力し合うことを好むマッキントッシ先生は、コーヴィン先生と彼女のクラスである二年生に授業に協力してもらえるよう頼みました。

マッキントッシ先生とコーヴィン先生のウォークアバウトの目的は、生徒たちに思いやりと地域について深く考えてもらうことでした。この目的を達成するために使われた方法は、リード先生の人文地理のモデルに似ています。生徒たちは、見出し文を示したオリジナルの写真を撮影し、二つを組み合わせて学習の枠組みに沿ったポスターを作成しました。この活動を通じて、生徒たちは以下のような多くの有用なスキルを身につけることができました。

・カメラの使用、編集、その他のデザイン技術のスキル
・アイディアを伝えるための言葉と写真の効果的な使い方
・意図的で魅力的なポスターのレイアウトとデザイン
・グループワークを通して協力して取り組むこと
・野外学習の場での責任ある行動

最終的には、このポスターを使って思いやりと地域へのメッセージを学校全体に広めることになります。この学習の流れは、以下の通りです。

1　グループで、自分たちの学校をよりよくし、もっと居心地のよい場所にするには、思いやりと地域社会が重要であることを話し合いました。

2　二人または三人のグループで、思いやりと地域に関する見出し文を作成しました。いくつかの例を紹介します。

　自然は人を幸せにします
　それぞれに個性があります
　誰も見ていなくても、正しいことをしましょう
　人に親切にすれば、あなたも親切にされることになります

3　写真を使ったメッセージの伝え方について話し合いました。マッキントッシ先生とコーヴィン先生がさまざまなポスターを示して、イメージやレイアウト、フォントなど、デザインの要素について話し合う機会を設けました。

4　生徒たちは、授業で取り上げたコンセプトを強化するために、効果的なポスターデザインの例を安全なインターネットサイトと学校内の両方で見つける作業に取り組みました。

5　マッキントッシ先生とコーヴィン先生は、各グループで自分たちの見出し文を反映してい

る写真を撮るように言いました。生徒たちは学校内を歩き回り、タブレットを使って写真を撮影しました。

6 自分たちの見出し文が反映された写真が撮れたら、グループで協力して学校内に掲示するポスターをデザインし、思いやりと地域を宣伝しました。

この活動の評価のために、マッキントッシ先生と私は表3・10のルーブリックを作成しました。マッキントッシ先生は、基準の一項目を空欄にすることで、生徒にルーブリックをより深く理解させ、自分の見出し文や写真がどれぐらい説明文と一致しているかを考えさせようとしました。さらに、とてもシンプルな技術を使って生徒の声、エンゲージメント、自己評価を大幅に向上させる方法を発見し、実現しました。

マッキントッシ先生は、生徒同士が交流したり、見出し文について議論したりするためにホワイトボードにこのルーブリックを投影しました。生徒たちは自分のアイディアを付箋に書き、それを投影されたルーブリックの空欄に貼り付けました。彼はインタビューで次のように語っています。

私はデジタル・プロジェクターを使ってホワイトボードにルーブリックを表示しました。生

表 3.10 小学生レベルのウォークアバウトの分析用ルーブリック

生徒の課題：校内を歩いて、グループで選んだテーマに合った前向きな生き方や考え方を表す写真を撮る。

作品：写真と見出し文を使って学習の枠組みに沿ったポスターを作成する。

保護者の方へ：この評価で使用されているカリキュラムの概念は、ブリティッシュ・コロンビア州のキャリア教育の K-3 カリキュラムから引用されています。評価基準の記述をもとに、生徒が自己評価をします。

評価基準	取り組み始めている	成長している	上手にやれる	継続して成長している
見出し文と画像の間の明確な関連性について説明できる。 証拠がない□	見出し文と画像の間の基本的な関係づけを試みている。	見出し文と画像の間に適切な関連性がある。	見出し文と画像の間に意味のある関連性がある。	生徒が自分で見出し文を作成し、その見出し文と画像の間に識見に富んだ関連性がある。
生徒の声 自分の見出し文と画像がなぜつながっているのか説明できる。				
日常生活における良好な人間関係の重要性を認識する。 証拠がない□	自分の生活の中で肯定的な人間関係を認識し始めている。	生活の中の肯定的な人間関係を認識し、説明できる。	肯定的な人間関係と否定的な人間関係、およびそれらが他者にどのような影響を与えるかを認識することができる。	生活の中での肯定的、否定的な人間関係を詳細に認識し、説明することができる。健全な地域社会は積極的な人々に依存していることを例を用いて説明できる。
アイディア、情報、個人的な感情、および知識を他者と共有できる。 証拠がない□	他者とアイディアや感情を共有しようとしている。他者の話に耳を傾け始めている。	時々、他者とアイディア、感情、および知識を共有している。他者の視点に関心を寄せようとしている。	定期的にアイディア、感情、および知識を他者と共有している。しばしばアイディア視点に関心を寄せている。	さまざまな状況で、複雑なアイディア、感情、知識を共有することができる。他者のアイディアを基にして、グループ全体に貢献できる。

共通の目標を達成するために、他者を尊重し、建設的に取り組むことができる。 証拠がない□	多くの支援があれば、他者と一緒に仕事ができる。	支援があれば、目標に向かって他者と敬意を持って協力することができる。	自立し、他者に敬意を持ち、目標に向かって取り組むことができる。	常に他者を尊重しながら取り組み、創造的な方法で問題を解決して他者を助けることができる。
生徒または教師のコメント				

スコット・マッキントッシ、ニコラ・コーヴィンおよびマイロン・デュークの許可を得て使用

徒たちは、自分の考えがどこにあるのかを示すために、見出し文をルーブリックの空いているスペースに貼りました。すごかったのは、子どもたちがそれを紹介したり、ボードに貼ったりするときに交わされた会話です。この様子をビデオに撮っておけばよかったと悔やんでいます（二〇一九年七月一二日の私信）。

シンプルなルーブリックが記述の課題を変えた

ブリティッシュ・コロンビア州ペンティクトンのプリンセス・マーガレット中等学校で教えていた時、幸運にもドン・マッキンタイヤー校長と一緒に仕事をすることができました。若い教師だった私にとって、校長室は、不満や課題、疑問などを共有できる居心地のよい場所でした。マッキンタイヤー校長のような寛大な指導者の支援がなければ、私は頑なに信じてきた採点や評価について疑問を抱き、行動する勇気をもつことはできなかったでしょう。数年後、私が高校の副校長になった時、彼は教育委員会の事務局で働いていま

した。新米の管理職として、私は多くの厳しい経験をしましたが、マッキンタイヤー元校長は舞台裏で貴重なアドバイスをしてくれました。また、保護者との面談の際には同席して、サポートしてくれたこともありました。マッキンタイヤー元校長は、生徒と教師両方にとっての学びと人間関係を優先していました。彼は、批判を抜きにした指導とサポートを提供してくれました。それは、教育の場におけるリーダーが、若い教師や管理職に提供できる最高の贈り物といっても過言ではありません。

マッキンタイヤー元校長は、さまざまな場面で通用する、時間をかけて検証された真実をたくさん知っていました。その一例を紹介しましょう。「カリキュラムよりも子どもが優先です。カリキュラムに取りかかる前に、クラスを安全で思いやりのある、公平な学習環境として確立しなさい」。これは、きわめて賢明なアドバイスでした。私がマッキンタイヤー元校長と一緒に仕事をしたのは、他の高校で一〇年生のリーダーシップコースを開発していた時でした。だから、もう五年も前のことになります。第2章でご紹介したように、私はこのコースをスタンダードや学習成果がないまま引き継いだのです。

そのとき私は生徒の学習体験の一環として、定期的にジャーナル(19)を書いてもらうことにしました。生徒がジャーナルを使って自分の考えを表現したり、重要なテーマについて考えたりすることを期待していたのです。

ジャーナルはすばらしい方法だと思っていましたが、結果的には少し失敗しました。クラスで活発な議論が交わされたにもかかわらず、ジャーナルを読んでみると記述に深みや配慮、詳細さが欠けていました。正直にいうと、ほとんどはひどいものでした。私は教室で出来の悪い提出物を見ながら、「この生徒たちはまともなジャーナルの書き方を学んだことがあるのだろうか」と心から思いました。

マッキンタイヤー元校長は、この時もタイミングよく「マイロン君、自分が教えない限り、生徒が何かを知っていると思ってはいけない。この真理を覚えておきなさい」とアドバイスをしてくれました。彼がなぜこのようなアドバイスをしたのか正確には思い出せません。しかし、生徒たちは効果的なジャーナルの書き方を知らないのだと、その瞬間に気づきました。もしそうなら、私はどうやって彼らを助けることができるでしょう？　生徒自身はどうすればいいのでしょうか？　その答えは、コード化されたルーブリックで生徒が自己評価することにありました。

マッキンタイヤー元校長のアドバイスに導かれて、私は次の授業で生徒たちにいくつかの質

(19) 自らの活動を振り返る日誌のようなものです。

問をしてみました。「今までにジャーナルを書いたことがありますか？」と。ほとんどの生徒は、書いたことがないか、覚えていないことが分かりました。良いジャーナルとはどのようなものかについてブレインストーミングをするといくつかのアイディアが出てきたので、そのアイディアをクラスで話し合いました。そして、私が誰のアイディアかは言わずにいくつかのジャーナル例を示し、批評してもらい、最終的に表3・11のようなルーブリックを作成しました。このときは六段階評価を採用していました（この点については後ほど詳しく説明します）。

マッキンタイヤー元校長の言う通り、生徒が何かを理解していると思ってはいけません。このコード化されたルーブリックを導入したことで、ジャーナルの質が一気に向上しました。生徒の声や創造性を損なうことなく、目標達成への明確な道筋を示すことができたのです。この他にも、さまざまなメリットがありました。

- 生徒は、定期的な見直し［レビュー］と採点のため、ジャーナルを提出する前にルーブリックを使って自己評価をしました。
- 生徒は自己評価の過程で問題点を発見したり、より詳しく説明する機会を得たりしました。
- 生徒は三つの明確な動詞を中心とした基準に従わなければなりませんが、個性や創造性を発揮する余地は十分にありました。

表 3.11 リーダーシップジャーナルのルーブリック

評価基準	専門家（レベル５・６）	実践者（レベル３・４）	初心者（レベル１・２）
話題を取り入れ、総合的に表現している（例：マラソンランナーの決断、学校行事の開催など）	話題やイベントの**包括的な**概要を作成する。	話題またはイベントの**詳細な**概要を作成する。	話題またはイベントの**表面的または単純な**概要を作成する。
情報を伝える（文章、図、マインドマップ、漫画を使う）	読み手を**引き込む**ように、**説得力のある**方法で情報を伝えることができる。	読み手の**興味を引く**ような**効果的な**方法で情報を伝えることができる。	読み手の**注意を引く**ような**シンプルな**方法で情報を伝えることができる。
リーダーシップの考え方を用いて物事を刷新し、支援する（マラソンランナーは「ステルス・リーダーシップ」、学校のイベント企画は権力ベースのリーダーシップを用いる）	クラスで議論された概念を統合し、**重要な**証拠に裏づけられた**最も適した（本質的な）**役割を開発できる。	クラスで議論された概念を統合して、**関連する**証拠に裏づけられた**説得力のある**役割を開発できる。	クラスで議論された概念を統合して、**基本的な**証拠に裏づけられた**妥当な**役割を開発できる。
コメント：			

□学生のパフォーマンスに関する証拠が不十分なため、現時点ではレベルを決定できない。
ⓒ 2020　マイロン・デュークの許可を得て使用

・生徒たちは、ルーブリックを使用するさまざまな方法を思いつきました。たとえば、ある生徒はルーブリックのワークシートをジャーナルに貼り付けて、記入するときの参考にしていました。

この章のまとめ

古い習慣や伝統はなかなか変化しないものです。ですから、私は自分にこう言い聞かせる必要があります。「私たちは皆、学び手にとって有益な評価方法を発展させ続けているのだ」と。こういった考えはすばらしく聞こえるかもしれません。しかし、一見して問題がなさそうな考えが適切ではないこともあります。ときには現実を確認する必要があるのです。たとえば、ローズヴィル教育委員会のリーダーシップチームは、成績評価と報告の仕組みを根本的に変えようとした時、まず保護者への情報提供に力を入れました。チームはビデオをつくったり、情報を提供するウェブページをデザインしたり、保護者にメールを送ったり、ミーティングを開いたりしました。こういったことを終えたとき、ブランドン・ブロム先生は、コミュニケーションを取るべき対象の中で最も重要なのは誰なのか、ということに気づいたのです。

「去年から取り組んでいる課題から得られた『学び』は、まずは生徒を教育し、その後、保護者を教育する必要があるということです」（二〇一九年八月一三日の私信）。

私はこの発見に興味をもち、ブロム先生に詳しく説明してもらいました。以下は彼の回答です。

最初に生徒を教育することで、生徒たちは、親より先に教師から直接情報を得ることができました。また、生徒たちは変更点について先生やクラスメイトに質問したり、話し合ったりすることができました。同時に、生徒からの質問によって教師は誤解を解き、生徒の興奮や不安について聞くことができました。また、生徒には私たちが生徒の声を大切にしていることや、学習者である生徒が変更点を理解しなければならないことを伝えました。保護者には年度が終わった後、説明が記載されたメールを送りました。保護者がメールの内容を子どもに尋ねた時、先に保護者に知らせてから生徒を教育した場合よりも、生徒は保護者とうまく話をすることができました（二〇一九年八月一三日の私信）。

オリンピックの飛び込み競技を評価するにしても、ウォークアバウトの振り返りを評価するにしても、あるいは一〇年生のリーダーシップクラスのジャーナルでランナーの決断を評価するにしても、生徒に実行可能な基準と明確な記述を提供することが重要です。ルーブリックには、一列だけのものから非常に複雑な構成のものまで、数え切れないほどの形式があります。

本章の議論を通して、学ぶこと、教えること、そして評価を改善するために、生徒と一緒にルーブリックを使用したり、作成したりする方法について、いくつかの大事な要素とアイディアを提供できたと思います。とりわけ、この章では、私たちの「隣に座る」という目的のもとで、生徒をパフォーマンス評価の領域に招き入れることが、ほんとうに可能だという証拠を示しました。

第4章

公正で納得できる評価システムをつくる

生徒が実際学んでいることを反映し、
生徒からの情報提供も大切にする評価システムを
どのように構築すればよいのでしょうか？

数年前、空港で搭乗口に向かっている途中、本屋の前を通りました。そこに並べられた本の中の一冊に目を惹かれました。トッド・ローズの『平均思考は捨てなさい』です。[108]本を手に取った私は、内容紹介、そして各章のタイトルに興味をそそられました。とりわけ興味深かったのは、個人を評価するときに平均値を用いることの無意味さを探究しているところでした。私は二〇年以上にわたって授業をし、最近では成績や評価、それらの報告に関わる仕事をしてきました。その中で一〇〇万回は「平均」という言葉を口にしてきたはずです。それは私の中に深く根を下ろした言葉だったのです！　私は、どうしてもこの本を買わずにはいられませんでした。往復のフライトで私はこの本を最後まで読み終えました。そして、自宅に戻ってから、もう一度読みなおしました。それ以来、この本をずっと大切にしています。

著者であるローズは、この本を一九四〇年代後半のアメリカ空軍で起こっていたある事態から書き起こしています。それは先を読まずにはいられないほど興味深いものでした。

当時、アメリカ空軍では異様なほど多くの「重大事になりかねない事故と重大事故」が発生していました。[108]急降下や離着陸の失敗などで、無視できないほど多くのパイロットと機体が失われていたのです。エンジニアは「機体にはほとんど問題がない」とパイロットを非難し、パイロットは「自分たちの操縦技術は今までと同じく優秀だ」と反論しました。

墜落事故の多さに困惑し、詳細な調査をしても原因が不明であったため、「操縦席のデザインを調べてみよう」という意見が出されました。その結果、操縦席の寸法、数々の設計上の検討事項は一九二六年ごろの数百人のパイロットたちの体型の平均値を基にしていることが判明したのです。もしかしたら、パイロットの平均身長はその頃より伸びているのではないでしょうか。そして、実際のところ、その通りでした。一八〇〇年代後半に栄養事情と食生活が改善されたので、先進国ではその後の一五〇年間で平均身長が約一〇センチ伸びたことが分かっています[37]。

一九五〇年代になってアメリカ空軍は、本格的な軍事活動の一環として戦闘機のパイロットたちの平均的な体型を把握する作業に着手しました。研究者たちは、ライト・パターソン空軍基地で四〇〇〇人以上のパイロットに対して、一四〇か所の測定を実施しました。親指の長さから、目と耳の間の長さまで、彼らは何もかもを測りました[108]。新しく採用された二三歳の若者――ギルバート・S・ダニエルズはライトパターソン空軍基地に着任したとき、幸いなことに、個々の人間を測って集団の平均を求めることの難しさを理解していました。

ハーバード大学の学部生だったとき、ダニエルズは男子学生二五〇人の手の大きさの平均を求めようとしましたが、実際には測定した集団の中に「平均」の手の大きさの学生はいないということを発見しました。そうです、誰一人、平均値と一致する人はいなかったのです。

ローズは、アメリカ空軍において、身長や腕の長さなど、空軍において最も重要な一〇個の測定値を用いて、ダニエルズがハーバード大学で得たものと同じ結論を得たと記しています。パイロットの平均的な体型が確定したとき、その平均値と一致する人は、四〇六三人の中には一人としていなかったのです！　こういったことは例外的なことだと考えたくなるかもしれません。あくまで男性だけで構成された軍事施設における例外にすぎない、と。しかし、ローズは、一万五〇〇〇人以上の女性の理想的な体型を決定しようとした一九四五年の「ノーマにそっくりコンテスト[1]」や、カリフォルニア大学サンタバーバラ校の神経科学者が一六項目の脳スキャンの結果を平均化しようとした試みについて言及しています。驚くべきことに、グループの平均値と一致する人を、そのグループ内で見つけることは不可能でした。本当に、誰一人として、そのグループの平均値に一致する人はいなかったのです！

　私たちは、現代社会において「平均」という言葉を多く使います。なかでも、学校で使われることが一番多いでしょう。ローズは、「あなたが人を教えたり、採用したり、選抜したりする際、平均は役に立たない」と断言しています。◆108 この魅力的でやっかいなテーマである「平均」について、人類がどのように惹きつけられてきたのか、どのようなトラブルに巻き込まれてきたのかについても語ってみたいところです。しかし、この場でそうするには、どうにも複雑すぎますし、長くなりすぎます。

話を戻すと、私たちは、個人が平均値よりどれくらい離れているかにこだわりすぎているように思えます。この平均値からの距離、すなわち偏差値を生徒の順位、大学入試、学校での表彰のほか、さまざまな場面で比較の基準として使っています。私たちは、実在しないかもしれない「平均的」な五年生に合わせて算数のカリキュラムを考え、提供しているのです[2]。

私たちは、平均を集団だけでなく、個人にも当てはめようとしています。私が教え始めたころは、教師用の計画ノートを持っていて、一人の生徒のために何十ものチェックボックスを律儀に埋めていました。最終的には、担当しているすべてのクラスの生徒について、何百ものチェックボックスを手書きの数字で埋めていました。その後、コンピューターの表計算ソフトを使うようになり、最終的にはデジタル採点ソフトを使うようになりました。

データが紙上のものか、コンピューター上のものかにかかわらず、私は一人の生徒の測定値を並び替え、混ぜ合わせ、数字やA・B・Cといった文字、つまりは平均値を出していました！　この数値は、保護者面談で話されるものであり、通知表に使われるものでした。認めたくないこ

（1）　一九四五年にクリーブランド・ヘルス・ミュージアム所蔵の「ノーマ」と名づけられた彫像に最も近い体型の女性を探すというもの。「ノーマ」は多くの女性の体型の平均値を元に作られていました。

（2）　あなたは、この現実をどう思われますか？

とですが、生徒を説明する際に使うこともありました。「グレースは九二パーセントの生徒です」と。今思うとほんとうに嫌になります！　学年末になると、私は学期のデータを基に再度平均値を算出し、あまり意味のない数値にまとめました。そして、こんなふうにコメントしました。「サリーは八二パーセントの平均値を獲得しました。よい夏を！」

ローズによれば、私たちは個人について説明しようとするとき、一面的な考え方になりがちだそうです。おそらく、複雑な状況を説明するより、すべてをまとめてしまう方が簡単だからでしょう。しかし、考えてみてください。私たちが一面的な平均値を追い求めるのではなく、生徒の複雑かつバラツキのある能力を説明することの方を選んだ場合を。

ローズは個性の第一原理を「バラツキの原理」と呼び、次のように説明しています。

この原理によれば、複雑で「バラツキのある」ものを理解するために、一次元的思考は役に立たない。では、バラツキとはどんな状態を意味するのだろう。ある資質がふたつの基準を同時に満たしている場合、資質にはバラツキがあると判断される。まず、資質は複数の側面から構成されなければならない。つぎに、これらの側面のあいだの関連性は弱くなければならない。バラツキがあるのは人間の体のサイズだけではない。才能、知性、性格、独創性など、私たちが重視する人間の特質のほぼすべてに、実はバラツキが認められる（邦訳書の

109～110ページより引用[◆108]）。

ローズの言う「バラツキのふたつの基準」が、生徒にも当てはまります。生徒の能力を一つの教科内で考えるか、複数の教科をまたいで考えるかにかかわらず、生徒の本質はまるで指紋のように違っていることがはっきりしています。

バラツキの原理は教育論においては新しいものではありません。ガードナーは『多重知能理論』の中で、教師は生徒の知性のばらついた側面を直接観察してきたと記しています[(3)][◆49]。また、スティーブン・セシは『知能について（未邦訳）』の中で、私たちは日々、生徒たちの認知特性がバラついていることを目の当たりにしていると言っています[◆25]。「読むことが苦手でも、計算能力は申し分ない子ども」のように。

アメリカ空軍のパイロット、「ノーマにそっくりコンテスト」の参加者、脳スキャンの結果と同じく「平均的な生徒」も存在しないのでしょう。このことはさらなる問いを生み出します。

（３）この本は、未邦訳です。日本語で読めるものには、『多元的知能の世界――ＭＩ理論の活用と可能性』中川好幸ほか訳や『ＭＩ――個性を生かす多重知能の理論』松村 暢隆訳などがありますが、教師にお勧めなのは、『マルチ能力が育む子どもの生きる力』トーマス・アームストロング著、吉田新一郎訳です。

・平均値またはA・B・Cといった文字で、個々の生徒の学びを評価することの有用性と正確性は疑うべきか？

・評価することに生徒を参加させるとき、どのような方法やシステムによって「バラツキの原理」を反映できるか？

・生徒のもつ能力の複雑さと、スタンダードに基づく成績評価の目標を融合させ、通知表における詳細さと有用性のバランスを取ることができるか？

スタンダードと成績——その違いと関連性

教育委員会の誰かが「我々は、スタンダードに基づく成績評価に移行することを検討しています」と電子メールや電話をするたびに二五セントもらえるのなら、ビートルズの貴重なレア・アルバムがすぐに買えるかもしれません。この宣言はいくつかの質問をすぐに思いつかせます。もし、あなたの成績評価が確立されたスタンダードに基づいていないとすれば、それは何を基準にしているのでしょう？　星の配列？　マジック8ボール？(4)　隣に住んでいるトムが決める？

私たちは、スタンダードに基づく成績評価を「目指している」、もしくはそれを「検討している」

と公言することは止めなければなりません。この発言は、今まで私たちがスタンダードを基にした成績評価をしていなかったことを暗に示しています。これは非難されるべきことですし、恥ずかしいことでもあります。

教育全体が機能しているのかどうかを人々が理解し始めたとき、あなたは保護者から次のように質問されることを考えておく必要があります。「スタンダードを基にした成績評価への移行を検討しているのなら、今までどんな種類の基準を使っていたのですか？」と。思い出してください。「現実の世界」という名で知られている奇妙な場所に住んでいる人々は「スタンダード」に取り囲まれています。家を建てるとき、レストランを経営するとき、血液サンプルを採取するとき、クッキーの広告をつくるとき、タイルを貼るとき、人々はいつもスタンダードに従っています。このような人々が教育にもスタンダードが必要であると考え始めたら、要注意です（この原稿を書いている現在、コロナウイルスの大流行で世界中の学校が閉鎖されています。そのため、保護者は子どもの家庭学習をいきなり委ねられることになりました。考えるに、この状況は保護者が学びのスタンダードの必要性や本質、あり方について理解するための大きな一歩になるのではないでしょうか？）。

（4）　マジック８ボールは、ビリヤードの８ボールのように見えるプラスチックの球体で、占いやアドバイスを求めるために使用されます。

スタンダードを基にしたシステムに移行しようとするとき、成績評価の問題は大きな障害になります。これは、はっきりとしています。明確な学習の目標が、ひとたび成績や評価、通知表の基礎になると、当たり前のように考えていたことが疑問に変わるのです。以下にそのいくつかを示します。

・宿題の提出状況を成績に含めるべきか？
・もし、課題などを期限に遅れて提出した場合、成績を低くすべきか？
・努力や授業態度など、生徒の行動面を成績に含めるべきか？
・生徒がどれくらい学んだかを測るとき、課題を期限通りに提出したかどうかは、成績に影響を与えるべきか？　たとえば、もし課題提出が遅れたときは、生徒の学習量はむしろ増えているということではないのか？

拙著『厳しい評価より、賢い評価を』◆38で述べたように、私はこれらのどの要素も生徒の最終成績において考慮されるべきではないと考えています。[5]そして、こうした意見は私だけのものではありません。◆27・56・93・105とはいえ、スタンダードに基づく成績評価へ移るときに現れる条件に対しては、第一にスタンダード、第二に成績評価の順にきちんと対応すべきです。つまり、第一段階は明確な学習の目標をスタンダードに基づいて設定することになります。そのあとでこれらのスタンダードについて、生徒がどの程度能力を発揮できたかが成績評価の土台となります。

元数学教師で文筆家、現ペンティクトン中等学校校長のクリス・ファン・ベルゲイク先生は言います。「スタンダードに基づく成績評価は、生徒が学ぶべき目標に対して、どのように取り組んでいるかを明確に記録する唯一の方法である」（二〇一九年九月二〇日の私信）。この考え方をもう一歩進めて、評価のための対話に生徒を含めるなら、私たちは納得できる「言葉」を選ばなければなりません。

教師と生徒の重要な対話

教室、学校、教育委員会、そして国レベルで成績評価の手順を変えるとき、そこには慣れ親しんだやり方をやめることによる痛みが多く生まれるでしょう。新しい考え方と方向性は、長年の

（5）「これに関しては、日本では『主体的に学習に取り組む態度』が学習評価の観点として示されているため、日本の状況には当てはまらない？　それとも、そもそもこの観点が適切ではない？　あるいは、北米のスタンダードにこの項目を加えるべき？」という協力者のコメントがありました。訳者の一人からは「教科書をカバーする一斉授業で『主体的に学習に取り組む態度』を評価することは、教師（ないし教科書）という権威に対する『従順・服従・忖度』を把握しているだけで、マイナスにしか機能しないでしょう」という意見が出されました。

伝統と信念との軋轢を間違いなく生みます。サマーランド中等学校の教師たちが、パーセンテージ評価から六段階評価に移行したときにも、そういった軋轢が生まれました。ある生徒が私たちの変化に対して不満を述べたことも、その一つです。しかし、そのやり取りは、私たちに気づきをもたらすものとなりました。それは次のようなものでした。

ある数学の授業で「価値のある困難」（29ページの注14を参照）の説明を終え、生徒と担当教師、そして私も含めて、それぞれ数学で苦労したことについてジャーナルに書くという課題に取り組みました。その授業が終わった直後、とても優秀で積極的な一一年生のレイマンが、私に声をかけてきました。

「デューク先生、興味深い考えを紹介していただき、ありがとうございます。サマーランドでは、これ以外にもまた大きな変化があるのでしょうか？　価値のある困難についてジャーナルを書くとかはイヤじゃありません。でも、すぐにまた大きな変化があるというのは困ります」

その懸念について、もっと詳しく話してほしいと私が言うと、彼女はこう続けました。

「先生はパーセンテージ評価から、この……、みんなが使っている六段階評価に変えた責任者の一人ではないですか？」

私はうなずきました。彼女の言うとおり、私は何人かの教師とともに、成績評価のシステムを大きく変えたからです。法律では教師すべてが最終的にパーセンテージ評価をすることが求められています。しかし、最近では、多くの教師が日々の学習活動において六段階評価を採用するようになっていたのです。この六段階の習熟度は、大きく三つの段階に分けることができます。初心者（レベル一・二）、実践者（レベル三・四）、専門家（レベル五・六）です。この評価方法の使用は完全に任意であり、実際に使っているのは約四分の一程度の教師でした。だから、レイマンを教える教師の中には、この六段階評価を使う教師もいれば、何らかの形でパーセンテージ評価を使い続ける教師もいるということは予想できました。

彼女はこう続けました。「すべての授業がパーセンテージ評価に戻ればいいのに」と。問いかけるような顔をした私に対して、彼女は言いました。「パーセンテージ評価は意味があります。パーセンテージなら、みんなが理解できます。もし九七点なら、私はその意味が分かります。九五点でも同じ。しかし、いま私の点数は六です。これには九五から一〇〇点までが含まれます。これはよく分かりません。私はこのやり方が好きじゃないです。前みたいに戻すことはできませんか？」

そのときには、ほとんどの生徒が教室から出ていました。レイマンは私の返事を待っており、親友のルースがその彼女をかばうように横に立っていました。私はルースもレイマンと同じく実力のある生徒だと知っていました。

「レイマン、君とルースが一緒の授業で、まだパーセンテージ評価をしているところはあるかい？」

「はい」

「よし、じゃあ聞いてもいいかな？　その授業で一番新しいユニットテストの結果はどうだった？」

二人はちょっと不安そうに顔を見合わせ、レイマンが答えました。

「先生は、私たちの点数を知りたいんですか？」

「もし、差し支えなければ。私たちがしているのは成績の話だからね。君たちがどんなふうに自分の成績を伝えるのか、興味があるんだ」

「私は、えーっと、九八パーセントでした」とレイマンは言いました。私がルースの方を見ると、「九六パーセントだったと思います」と彼女は付け足しました。

「レイマン、このテーマについては、ルースより君の方が上だと言えるね」と私が言うと、彼女はすぐに言葉を重ねました。

「でも、私の方が成績がいいってことではないです。あのテストだけです。ルースの方が点数がいいときもあります。でも、そのときだって、私たちの点は数パーセントの差しかありません」

私は反論しました。

「でも、テストは、そのユニットの学びを反映しているんだよね。だったら、レイマン、君の勝ちだ。九八パーセントは九六パーセントより上だ。違うかな？　君が言ったところの『誰もが理解できるパーセンテージ評価』とはそういう意味じゃないか？」

「私の方がルースよりも上なんて言い方はおかしいです。ほんのちょっとミスするとか、正しく答えられた問題が一つあるとかで、同じ点になったかもしれないし、ルースが上になったかもしれない。むしろ、私たちは二人ともよくできてるっていうほうが正確なのかもしれません」

そのまま数秒ほどおいてから、「ちょっと待って、私、今、何て言いました？」とレイマンが聞きました。

「『私たちは二人ともよくできてるっていうほうが正確なのかもしれない』って、君は言ったよ」

と、私は彼女の言葉を繰り返しました。そして、こう付け加えました。

「いうなれば、六段階評価の『六』、私たちが言うところの『専門家』だね」

彼女は立ったまま、静かに自分の立場を考え直しているようでした。

このとき、私はちょっとした助け舟を出しました。

「レイマン、ここで話しているのは『象徴』と『言葉』のことなんだ。九八パーセントでも、六段階でも、『専門家』でも、金メダルでも、いや、ゴールドスターだっていい。とにかく、こういったものはすべて、君の学びを表現するための『象徴』、もしくは『言葉』であるということは、お互いに賛成できるね。そして、君の基本的な立場である『学びについて話すとき、そこで使われる記号や言葉は、誰にとっても意味のあるものであるべきだ』ということに、私も同意できる。六段階評価が完全なものだとは言わない。しかし、君とルースを数点の差で区別することが正しいとも思えない。その分野において、君たち二人が両方とも優秀な生徒であると皆が考えている時にはね(6)」

「うーん。もうちょっと考えてみます、デューク先生。続きはまた」

彼女は微笑を浮かべながらそう言って、次の教室に向かっていきました。

数年前から、私が意識し続けているのは、成績評価の話に生徒をどのように巻き込むかということです。二〇〇六年に、採点と評価の方法を変え始めたとき、それを伝えるために、とても慎重な段階を踏みました。第2章で述べたように、「形成的」「総括的」という用語を導入し、それを普段の会話に織り交ぜました。また、学習目標、再テストや宿題などの実施方法を変更する理由も説明しました。それによって、当初は私の仕事が増えるとしても、この変更がどれほど生徒のためになるかを示すようにしました。前述の『厳しい評価より、賢い評価を』で数多く紹介したように、生徒たちからそのような変化についての意見を聞きました。そして、それらの意見は自分の決断を肯定するための助けとなりました。

今では、生徒に変更点を知らせるだけでなく、変更そのもののデザインや実施に参加してもらうまで、私の考えは発展しています。私はレイマンとの対話に示されたような双方向性の力を信じています。つまり、私たちは生徒が学び・評価・成績、そして方針にまで主体的に関わる環境をつくることができるということです。

ですから、どのような成績システムを採用するにせよ、すべての関係者にとって納得いくものであることが一番大切です。その中でも、生徒たちが最も大切であることは明白です。もし、私たちが学びについて、生徒にはっきりと、正確に、一貫性をもって伝えたいと望むなら、パーセンテージは適切ではないと思います。残念ながら、パーセンテージに基づく評価システムは、小学校より上の学校では広く行きわたっています。しかし、潮目は変わりつつあります。先に紹介したカリフォルニア州のローズヴィルなど、多くの教育委員会において、より少ない段階による評価の方向へ進んでいます。

（6）　協力者コメント「まさにわが校でも議論になった部分です。そもそも、八〇点の生徒と一〇〇点の生徒が総合評価で『5』をもらうことには疑問があります。また、七九点の生徒にとっての一点と六八点の生徒にとっての一点が、同じ問題の同じ一点であっても意味が変わってきてしまうことに大きな問題があることに気づきました」。

サマーランド中等学校における六段階評価の原点

レイマンの言う通り、私はサマーランド中等学校の教師の一人として、パーセンテージ評価から六段階評価への移行に取り組んでいました。しかし、この考えはたまたま発見したもので、意図的なものではありませんでした。

きっかけは、ショーナ・ベッカー先生が開いた自主的な読書会でした。デュークの『厳しい評価より、賢い評価を』と、ジョン・ハッティの『学習に何が最も効果的か【教師編】』のどちらかを選ぶように言われた一〇人の教師は大差で私の本よりもハッティの本を選びました（いまだに「ちょっと」だけ悔しいぞ、ジョン！）。

月に一度、私たちは昼食をとりながら、ハッティの本を一章ずつ読み、話し合いました。何回目かに、学習効果の大きさについての説明を読みました。これは、通常の一年間の学校教育が個々の生徒の成績に与える影響を示すもので、その効果量の分岐点はだいたい〇・四点あたりでした。ハッティによれば、効果量が〇・四点以上であれば望ましい効果の範囲内です。それ以下の範囲には、「教師による効果」「向上的効果」、さらには「マイナス効果」をもたらすもの――「夏休み（マイナス〇・二）」や「テレビ（マイナス〇・一八）」などがあることを示しています（図4・1を参照）。

読書会の最終回で、ある重要な出来事がありました。参加者の一人が、本の付録Cへの注意を促したのです。そこにあった一五〇項目の「成績に影響を与えたもの」まで、みんながたどり着いていたわけではありませんでしたが、ひとたび、そのリストが発見されると、それらをめぐって活発な議論が展開されることになりました。最初、参加者たちは静かにリストに目を通していました。そのリストは約一〇〇〇件のメタデータ解析、そして何千もの研究論文をまとめたものでした。しばらくして、次のような意見が出始めました。

「『形成的評価』は四位だ。おい、これは私たちがやってることだ！」

図4.1　宿題の影響力のバロメーター

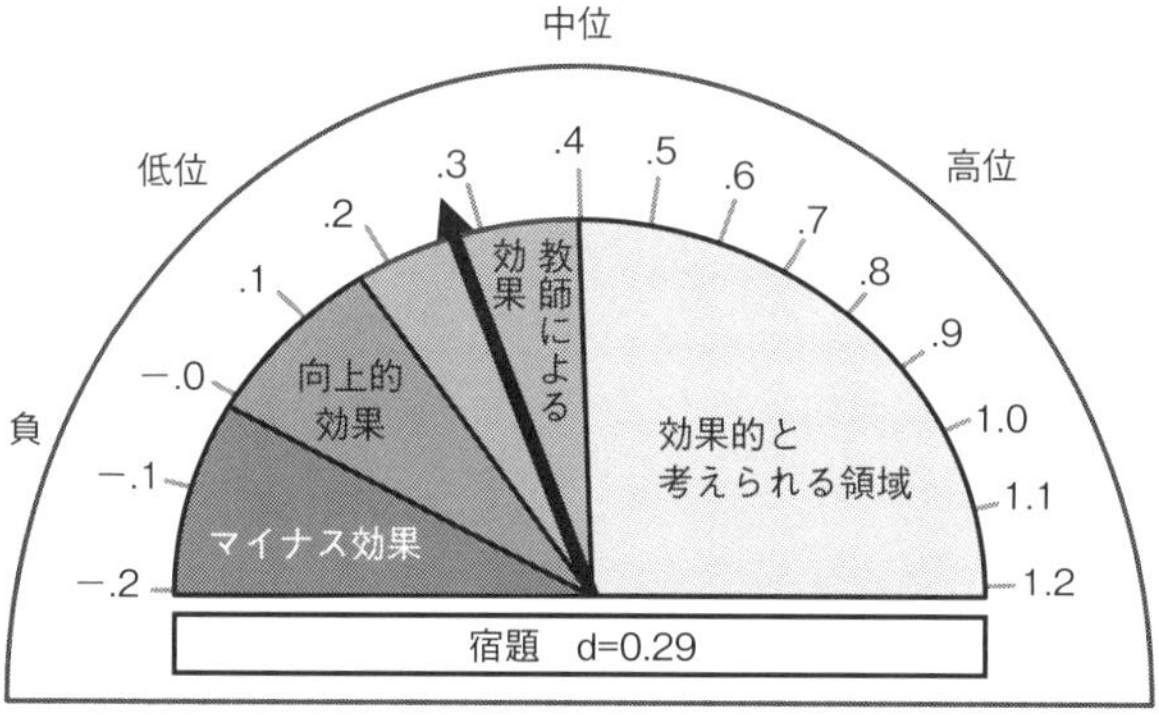

Visible Learning for Teachers, by John Hattie, 2012, New York: Routledge.
© 2012 by John Hattie. 許可を得て転載

「やった！　『教室での話し合い』は一〇位以内に入ってるぞ！」

「『宿題』は九四位にすぎなかった。しかも、効果量はたった〇・二九！　これって信じられるか？」

ベッカー先生が、第一位の「到達レベルの自己評価／生徒の期待」――効果量一・四四――に私たちの目を向けさせるまで、大した時間はかかりませんでした。私たちは「到達レベルの自己評価」がどういう意味なのかを熟考しつつも、「とてもシンプルに見える方法がどうしてこんなに強力なのか」と声を上げずにはいられませんでした。

この問いかけは、私たちの学校におけるカリキュラムの多くの範囲に波及する動きを引き起こしました。これを見れば、最近の研究結果が「自己評価」より「集団としての教師力」を上位に置くのにもうなずけます。[35] 読書会に参加した教師たちが、生徒のためにシステムを変えることができると考え始めたのは、自然な成り行きでした。すぐに生徒たちは製図、食品、数学、生物、演劇、そしてリーダーシップの授業で自己評価を始めていました。この自己評価の仕組みについては、次の章で詳しく述べます。ここでは別の事柄について、先に説明します。私たちは教室での自己評価システムを発展させる前に、まずは「言葉」を選ぶ必要があると、すぐに気づいたのです。長年使ってきたパーセンテージという「言葉」は評価を語る際に「一〇〇パーセント」適していたわけではありませんでした。

パーセンテージ評価の問題点

生徒たちを自らの学びの評価に巻き込むことを望むとき、また、適切な「言葉」を選ぶことが重要な一歩となるとき、なぜパーセンテージ評価からの移行を検討すべきなのか探究してみましょう。この移行について話し合う際に、生徒、教師、保護者からよく質問されることがあります。それは「どうしてパーセンテージではいけないのですか？」というものです。たいていの場合、私は次のように答えます。「パーセンテージが間違っているということではありません。その使い方が問題なのです」と。

さあ、このことについて、役立ちそうないくつかの考えについて探究してみましょう。

「実社会」についての議論

私たちは、ほんとうに一〇〇の段階〔実際は、〇を含む（場合もある）ので、一〇一の段階〕を、それぞれに見分け、使い分けているのでしょうか？

「実社会」についての議論に出くわすことはたくさんありますが、パーセンテージというテーマもその一つです。私自身も「実社会」を避けてきた面があります。そういう人は私だけではないでしょう。

「実社会に出るための準備を生徒たちにさせている」と、教師がしばしば重々しく宣言することに、私は驚いています。まるで、そういう教師自身が実社会で一生を過ごしてきたかのようにです。そういう先生の袖を引っ張り、声を潜めて、「その実社会とやらを、どれほど知ってらっしゃるんですか?」と聞きたいぐらいです。

私自身が受けてきた教育を振り返ってみると、ちょうどこんな感じです。

小学校、中学校、高校、大学……そして、教師として再び中学校へ。

まじめな話、私の大学生活が終わりに近づいたころ、「実社会」と呼ばれるミステリアスな王国を崖っぷちに立って見つめていましたが、どうしてもそこに行くことができなかったのです。

私は、八年生から大学生まで、夏になると、飼料工場でいつも同じ仕事をしていました。飼料を混ぜたり、倉庫の床を掃除したり、暑くて埃っぽい中で、数え切れないほどの仕事をこなしてきました。時には、掃除を頼まれ、濡れた穀物の山で先住権を主張するネズミと戦うこともありました。年間休日がたったの二週間というところから始まり、しばしば居心地が悪くなりうる「実社会」の環境は、安全で慣れ親しみ、エアコンの効いた学校という場所に留まるための理由になりました。公平に見て、私は飼料工場で多くの貴重な人生訓を学びましたし、そこで働く人たちを尊敬しています。私が学校の教師になることを妬むような人もほとんどいませんでした。

とにかく、大学時代が終わりに近づき、ほんとうに学校から離れる必要がありそうになった私は、恒久的な解決策を探しました。その結果、大学を卒業するとすぐに、カナダのマニトバ州モリスで四年生と五年生の教師の仕事を引き受け、それ以来、「学校社会」に身を置くことになりました。正直なところ、私は「実社会」をＣ・Ｓ・ルイスのファンタジー小説に出てくる「ナルニア国」のようなものだと考えています。コートをクローゼットにしまうように言われたら、安全に椅子の上に放り出したくなるのです(7)。

私は、多くの教師と同様、「実社会」について、あらゆる種類の大げさな発言をしてきました。たとえば、「授業に遅刻しないように。実社会ではクビになりますよ」。もしくは「提出がないものは〇点を付けます。課題を提出できなければ、実社会ではクビになりますよ」といった具合です。最近では、私はこういったことを言うのを止めました。正確ではないかもしれないと気がついたからです。

(7)　クローゼットが「ナルニア国」への入口であったことを踏まえています。

今回、現実の「実社会」を探究すべく、レストランのオーナーやインテリアデザイナー、工場主など、さまざまな「上司」や「従業員」とできるだけ多く会話をすることにしました。空港で、飛行機の中で、「解雇ボタン」を押せる人たちと対話しました。私の個人的な見解では、「実社会」は一部の教師が語るほどには厄介ではないようです。仕事に遅刻したら解雇されるかもしれない？　もちろん。でも、そうでない可能性の方が高いです。ただ、信じられないかもしれませんが、少なくとも北米の一部には、遅刻による解雇に関する規則や基準があります。カナダとアメリカのそれぞれの法律事務所によると、遅刻に悩まされる従業員を解雇する場合、雇用主は注意を払う必要があるとのことです。一般的には、遅刻が常習化し、雇用主が何度も文書で警告した場合にのみ、遅刻は解雇の根拠となり得ると言われています◆75・76。

　さらに、多くの有益な対話の中で、苦境にある従業員が解雇されるかどうかには、二つの重要な要因が関わってくるようです。一つ目は「求人市場」、もう一つは「従業員の能力」です。あるレストランのオーナーに、「遅刻してきた従業員は解雇するか？」と尋ねると、まるで宇宙人を見るような顔をされました。コック長については、「彼女が二日くらいどこかに消えたってかまいません。もし戻ってきてくれたらクビにするのではなく、むしろ喜びます」とまで言います。「多くの人が自分の人生に問題を抱えています。そのことを理解しなければなりません。でも、もしお聞きになりたいなら言いますが、彼女を雇い続ける最大の理由は利己的なものです。彼女がレストランのキッチンを管理してくれていると分かっていれば、私は週末を家族と過ごせますからね」

パーセンテージ評価を支持する人は、その理由として「実社会」という場所を引き合いに出します。一見、それは正しいように見えます。たしかにパーセンテージは至る所で使われています。ニュースやドキュメンタリーには、パーセンテージがあふれています。健康問題や平均寿命についての会話にはパーセンテージがつきものです。スポーツ、経済、農業、熱帯雨林、気候変動など、数え切れないほどのことがパーセンテージを使って議論されます。一〇〇を尺度とする考え方は、どうやら生来のものとして、私たちに埋め込まれているかのようです。はっきりさせておきたいのですが、パーセンテージを日々の会話で使うことは、本来悪いことではありません。しかし、これらの数値の「使い方」には疑問があります。

たとえば、天気予報を考えてみましょう。ラジオで降水確率が八五パーセントと聞いたなら、家族旅行で海に行くのは延期しようと言うかもしれません。しかし、降水確率が七一、七四、八〇、八四パーセント、あるいは六〇パーセント以上と聞いたときも同じ判断をする可能性があります。また、旅行のためにリゾートホテルの部屋代をすでに支払ってしまっていれば、たとえ海が凍っていても、旅行に行くかもしれません。そうではなく、予定として決めていなければ、降水確率が四〇パーセント以下の日を待つかもしれません。このように、さまざまな要因、確率によって、海に行くかどうかを判断しているということです。

私たちはよく「パーセンテージ」という言葉を使いますが、実際には数字の範囲と、その周辺の状況に基づいて判断しているのではないでしょうか。

動詞は変化する——なぜパーセンテージ評価は学習目標として不適切なのか

動詞で表現することの重要性については、すでに第2章で述べました。今、もう一度そのことを思い起こしてください。パーセンテージを使った成績評価と評価モデルの有用性を問うときには、次のことを認識しなければなりません。過去の学習目標設定の中で動詞が使われてきたこと、そして、それらを基にした学校での経験によって私たちの信念が形づくられてきたことです。

最近、所属する教育委員会の所管にある高校を訪問した際、息子を送ってきた保護者に出会いました。顔見知りだった彼女は親しげに話しかけてきました。

「ねえ、マイロン。ブリティッシュ・コロンビア州が四段階評価に変わるって聞いたわ。しかも、パーセント表記はしないって。どういうことなの？　私が生徒だったときは、いつもパーセント表記の成績だった。でも、何も問題はなかった。保護者として言わせてもらえば、パーセント表記をやめるのには反対。ちゃんと意味があるんだから！」

この保護者の言うことは、よく分かるし、意外なことでもありません。カリフォルニア州ローズヴィルで行われた同様の取り組みについて、変更を行った当人のブランドン・ブロム氏も似たような会話をしたことがあると聞きました。私たちは、どんな状況においても、自分の経験に基づいた期待を抱くようになります。◆68 そのことを知っていた私は、前述した保護者に、彼女の生徒時代の経験をもう少し詳しく話してくれるように頼みました。とりわけ、どんなときにパーセンテージの成績を求められたかを思い出してもらいました。

「私たちはアメリカ合衆国の五〇州を覚えないといけなかったし、そうね、テストでたくさんの単語を思い出さないといけなかった。詩の暗誦もしたわね」

「そこがポイントなんです」と私は指摘しました。「あなたが使った『動詞』に注目してほしいんです」

「え？」

私は、彼女が自分の経験を思い出すときに使った動詞、すなわち「覚える」「思い出す」「暗誦する」を取り出してみせました。次に、私たちが経験している世界的な変化と、そこで採用されている学びのスタンダードの意味を説明しました。先に説明したように、学びのスタンダードを具体化する動詞の力は、生徒たちの学習内容への関わり方、またそれについて、どれほど深く考えるべきかを決定します。

「定義する」「覚える」「反復する」「列挙する」「書き写す」といった動詞は、背景知識の獲得に大きな影響があります。そして、パーセンテージ評価は一般的に、そのような表面的な知識を得るための学習に対して効果的です。「評価する」「適合させる」「デザインする」「つくり出す」「創造する」といった高度な思考に関連する動詞は、それらを会得できていることを生徒が示すために、より複雑で種々の要素をもつ表現を要求するでしょう。そのような表現を評価するためには、記述式の方がパーセンテージ評価よりも適しているはずです。

学びのスタンダードでは、同じ動詞が繰り返されたり、また必要性のために、先に述べた背景知識や高度な思考といった二つのタイプに関する動詞が含まれることがあります。すなわち知識を得るためのもの、そして高度な思考に関連するものです。そして、学びのスタンダードが複雑であるとき、よいパフォーマンスのために背景知識は必須のものです。そのことを、ぜひ思い返してください。

ほかの教師たちと同様、これら二種類の動詞の大切さを、私も理解する必要がありました。もちろん、表面的な知識を得ることが、より深い思考への一歩目になる生徒もいます。それでも、高度な思考を要求する動詞は、際だって重要だと言いたいのです。私たちの社会と同じく、学校で使うべきツールも変化しているのです。私が最後に五〇州を覚える必要があったのは、ちょうど電話帳を繰っていたのと同じ時代のことでした。

ありがたいことに、最近のスタンダードは、生徒たちが「解決する」こと、「予測する」こと、「議論する」こと、「デザインする」こと、そして、「探究する」ことを奨励するようになっています。

以下に引用したスタンダード内にある、カッコで強調した動詞に注目してください。

次世代理科スタンダード　ＨＳ‐ＥＳＳ２‐３より

地球内部の証拠に基づくモデルを「つくり出し」、熱対流による物質の循環を「説明する」。

テキサスＴＥＫＳ　社会科　三年生より

生徒は次のことを行うことが期待されている。

場所や地域の地図を「作成し」、「読み取る」。地図には、名前、方位記号、凡例、縮尺、グリッドなどの要素が含まれている。

アラスカ州芸術スタンダード　八年生より

「協力し」て、さまざまな振り付け案と構成を「選び」、「応用し」て、オリジナルのダンスを「振り付ける」ことができる。動きや構成を選択するためのグループ内での過程を「明確にする」ことができる。

これらは、意欲的なスタンダードです。これらによって、生徒の作品を評価しようとすることは、単純な動詞によるスタンダードに慣れている生徒と教師双方にとって、より困難なものになるはずですし、価値観の変更もせざるを得ないでしょう。私個人の経験からいうと、高度な動詞を含んだスタンダードに従って生徒を評価するときは、パーセンテージを用いるより、記述式の方がよいことがはっきりしています。教師が常に直面するのは、質や細部が似ていても、取り組みや過程が違う生徒たちの作品やパフォーマンスを、どのように評価するかということです。日々、パーセンテージ評価を使っている教師で、次のような質問をされたことがない人はいないでしょう。

「どうして、私は九六点ではなく、九五点なんですか?」

「娘は八五点でした。どうして八六点ではないのか教えてください。彼女はAが必要なんです」

比喩ではなく、実際に「砂を噛んでみる」ことと、このような会話をすることのどちらを選ぶべきかは悩ましいところです。パーセンテージ評価の点数でつまらない論争をするか、より意味のある学びについての対話をするかということなら、私は後者を選びたいです。そして、生徒たちの作品の質について、「評価レベル」を用いて説明したいのです。

適切なルーブリックや評価レベルのようなツールと組み合わせることで、生徒は点数に注目するのではなく、言葉で表現された自分の学びに目を向けることができるのです。

正確さという幻想

先ほどの保護者との対話を続けるうちに、動詞を用いたスタンダードへの変更によって、パーセンテージ評価が廃止されることに納得できないということが伝わってきました。次の言葉がそれをはっきり示しています。

「意味も理解せずに丸暗記するのをやめようとするのに文句はないわ。もちろん、クリティカルな思考(8)、そういったものはいいとも思う。それでも、パーセンテージ評価は廃止すべきじゃないわ。マイロン、よく考えてほしいんだけど、私たちはみんな九〇点はとてもいい成績だって分かっているのよ！」

(8)　日本では「批判的思考」と訳される傾向がありますが、それが占める割合はせいぜい四分の一〜三分の一で、より大きなウェートは「大切なものは何か／大切でないものは何かを見極める力」が占めています。

そのとき、不意に、何年か前のトーマス・ガスキー(9)の説明を思い出したのです。そして、それを使うことにしました。

「なるほど。九〇パーセントというのは、ほんとうにとてもいいんですか？」

「もちろん、そうよ」と彼女。「きっと、みんな賛成してくれるはず」

「プロ野球は見ますか？」

「メジャーリーグみたいな？」

「そうです」

「たまにはね。特にトロント・ブルージェイズ(10)の調子がいいときには」

「分かりました。では、打率九割というのをあなたはどう評価しますか？」

「ええっと、私の知ってる限り、それは信じられない打率だわ！」

「『とてもいい』と同じぐらい？」

「いいえ。そもそも、そんな打率はありえない。打率五割を超えることすら考えられないのに」

(baseball-reference.com(11)の記録によると、タイ・カップの生涯打率である三割七分弱が最もこれに近い)

「じゃあ、九〇パーセントは『とてもいい』よりさらにいい？」

「はいはい。九〇パーセントは『とてもいい』と『とてつもなく驚異的』の間のどこかにあるんでしょうね」

「よし。それじゃあ、次のディナーパーティーにお気に入りのワイングラスを持っていってください。そして、部屋の中をさりげなく歩いていって、もし、そのワイングラスを九〇パーセントの確率で手に取ることができたら大いに自慢してください。そして、うまく手に取れなくて、ワインをカーペットにこぼす確率がたったの一〇パーセントであれば誇りに思うといいです。だって、打率九割と同じ九〇パーセントなんですから！　さあ、この挑戦を受けますか？」

彼女は笑いました。

「いやあ、真剣に言ってるんですよ。一〇回中九回、ワインをこぼさずに、グラスを手に取れたら、それは『とてもいい』から『とてつもなく驚異的』の間のどこかにあるんです」

「あはは、それは同じ九割でも意味が違うわ。それに、きっと私はカーペットのクリーニングを頼むことになるでしょうね」

リラックスした雰囲気のまま、私たちは、生徒が段階評価を用いて自己評価するシステムを採用した理由について、議論を続けました。こういった対話で私が示したように、パーセンテージ

(9)　長年、英語圏で評価の議論をリードしてきた研究者の一人です。

(10)　トロント・ブルージェイズ（Toronto Blue JAys）は、ＭＬＢ・アメリカンリーグ東地区所属のプロ野球チームです。

(11)　baseball-reference は、メジャーリーグベースボールの歴史におけるすべてのプレーヤーの野球統計を提供するウェブサイトです。

評価から段階評価に移行することにより、生徒の成績に意味をもたせたり、背景や状況を反映させたりすることができると言いたいのです。

私は、多くの教師や保護者にガスキーの興味深く有益な論文「パーセンテージ評価に反対すべきとき（未邦訳）」を読むよう勧めてきました。[55] ガスキーはパーセンテージ評価が使われてきた歴史とその研究を一世紀前まで遡って調査し、いくつかの論点を示しています。

1　評価者が特定の評価手順や評価方法の訓練を受けていても、同じ課題について、大きく異なった評価をする場合がある。

2　そのようなばらつきを考慮するとき、カテゴリーや評価の段階はより少ない方が信頼性が高くなる。

ガスキーは、この論点を次のように要約しています。

教師の多くは、パーセンテージ評価には一〇〇の段階やカテゴリーがあるため、少数の段階評価（優、可、不可など）よりも正確であると思い込んでいる。しかし、本当に正確な評価方法がない限り、評価の段階を細かくすることは、正確さの幻想を追っているにすぎない。生徒を設定した段階に割り当てるとき、統計的誤差は誤った段階に割り当てた数に左右される。得点分布の境界（段階やカテゴリー）をより細かく設定することにより、それらの境界間の差が分かりにくいことによるエラーを生じさせる。それによって、より多くの統計的誤差が生じることになる。ある生徒の真の達成度が九〇パーセントであるにもかかわらず、八五パーセントの成績だと誤判定される可能性は、（「優、可、不可」などの三段階評価において）真の成績が「優」であるにもかかわらず「可」と判定される可能性より、統計的にはるかに高い。言い換えれば、評価の段階が多ければ多いほど、ある段階の成績が誤って分類される可能性が高くなるのだ。

野球とワイングラスをめぐる議論に戻りましょう。数字というものは、状況が設定されたときにだけ意味をもちます。生徒が学習目標を達成した度合いを報告するとき、六段階の六とするか、九五パーセントとするかは、ほんとうの問題ではありません。双方ともに同じ意味を表す可能性があります。大切なことは、それらの記号が何を意味するかを説明することです。だから、私は一〇一の段階よりも六段階の方がよいと思うのです。

ゼロの威力

サマーランド中等学校で、私はファン・ベルゲイク先生と長年働いてきました。彼の口癖に「方針だのを口にするのは、ややこしい話からの逃げ口上だ」というものがありました。別の教育委員会で働いているときに、「我々は方針としてゼロを使用しません」と聞くたび、彼の言葉を思い出しました。もちろん、この方針には賛成します。しかし、たいていの場合、そこでは真の問題が見えていません。パーセンテージ評価こそが、真の問題なのです。北米では、そして世界でも、多くの学校がパーセンテージ評価に縛られたまま、ゼロにまつわる問題を解決しようとしているのです。ガスキーは、『位置について（未邦訳）[12]』の中で、根本的な問題をまとめています。◆56

> パーセンテージ評価では、〇点は教師がつけることのできる最も極端な点数である。パーセンテージ評価を採用しているほとんどの学校でBの評価をAに上げるには、だいたい一〇パーセント、たとえば八〇パーセントから、九〇パーセントへの向上が必要だ。しかし、〇点から合格点に引き上げるには、その六、七倍、つまり〇点から、六〇、もしくは六五パーセントの向上が必要なのだ。

ゼロとパーセンテージ評価の不健全な関係は、多くの問題を引き起こす可能性があります。

救い出せ！

教師の多くは、ある生徒のあらゆるパーセンテージ評価を集め、それらの平均値で達成度を点数化するという方法を取っています。このようなやり方では、たった一つのゼロを取った生徒が「挽回」するためには、九つの満点を取らなければならないかもしれません。◆[56] このような評価システムでは、学校で困難を抱えている生徒、自分ではどうしようもできない環境（劣悪な家庭環境など）のために宿題をやりとげられなかった生徒が一つか二つのゼロを取ると、簡単には「挽回」できなくなります。そうなったとき、彼らは決断します。それは予想できる、ある意味では真っ当である、生きてきた経験による決断です。すなわち、投げ出してしまうのです。◆[4]

教師たちは、次のように反論します。

・「提出された作品が手元にないとき、どんな選択があるというのか？　ゼロだけが適切な評価だ」

(12)　タイトルの意味は、競技でゴールを目指してスタートする時のピストルないしブザーが鳴る前のかけ声です。

表 4.1　ゼロの威力

回	点数	平均点
1−5	61,63,62,70,68	61+ 63+ 62+ 70+ 68= 324 324÷5=**64.8**
6	0	324+0=324 324÷6=**54.0**
7	70	324+70=394 394÷7=**56.3**
8	70	394+70=464 464÷8=**58.0**
9	80	464+80=544 544÷9=**60.4**
10	90	544+90=634 634÷10=**63.4**
11	90	634+90=724 724 ÷11 =**65.8**

・「私がゼロを付けるのは、生徒に責任というものを教えるためです」（ちなみに、スタンダードに「責任」という語が使われているのを見たことはないです。ゆえに、そのことを成績の一部とすべきではありません）

これらの主張の背景にある意図は理解できますが、もし教室のルールが、パーセンテージ評価の一〇一の段階（〇から一〇〇まで）に代わって、〇から四の段階設定であれば、その結果ははるかに公平かつ公正になると自信をもって主張します。五段階評価（A＝四、B＝三、C＝二、D＝一、F＝〇）では、すべての段階は一点刻みで区切られます。ここではゼロが特別な力を持たず、ほかのすべての数字と同じになります。

一方、一般的なパーセンテージ評価（A＝九〇～一〇〇、B＝八〇～八九、C＝七〇～七九、D

＝六〇～六九、Ｆ＝〇～五九）では、最初の四項目は一〇点差ですが、Ｄの成績とＦ［不合格］の間では六〇点差が付くことになります。ゼロの威力はすごいです！

ゼロの威力、そしてゼロから「抜け出す」ために必要な時間と労力を説明するために、表４・1のような生徒の経験を仮定してみましょう。五つの課題で平均六四・八点を獲得したあと、課題を提出しなかった結果、この生徒は六つ目の課題で〇点を取りました（ちなみに、主要な課題またはテストを受け、一片の理解も示さない生徒はほとんどいないため、〇点は理解度の尺度として正確とは言い難いでしょう）。この〇点を加えると、平均点は五四点に急落します。

ここで、教師が責任を教え込むという目標を達成した状況を想像してみましょう。生徒は目覚め、「私は責任ある生徒に、そして、いい人になろう！」と宣言します。そして、突然、彼は勉強に励みだし、次の課題では七〇パーセントという最高得点を取ったとします。すると、彼の平均点は五六・三点となりますが、〇点をもらう前の平均点に遠く及ばないことに落胆することになります。しかし、その反省を生かし、今までにない最高の努力を再び行い、七〇点を獲得します。この時も、平均点にはわずかな影響しか与えません。さらに、八〇パーセント、九〇パーセントという驚異的な向上率でも、〇点から挽回するにはまだ足りません。なんと、一一回目に獲得した二度目の九〇点で、たった一回取っただけの〇点の影響からやっと解放されました。

これを「挽回」と呼ぶのは無茶な話でしょう。統計学を少しでも理解している人なら、六回目のテストの〇点が、その後、三回のテストで示された驚くべき改善を無効にしていることが分かるはずです。ほとんどの分野では、こういったゼロは異常値とみなされ、無効とされる場合が多いのです。

私はたくさんの学校で仕事をする中で、パーセンテージによる成績評価システムで平均を使って成績評価をしている教師は、このゼロによる破壊的な影響に気づいていることを知りました。その上で、ゼロがさぼりの抑止力や脅威となり、生徒が正しい判断をする力になることを期待しているのです。これは一部の生徒、特に好成績を狙う生徒や学歴を気にかける生徒には効果があるかもしれません。しかし、やる気のない生徒、退屈している生徒、困難を抱えている生徒たちにとってはあまり効果的ではありません。自分自身の責任ではない事柄によってゼロをつけられてしまうからです。そのような生徒にとって、このシステムは「学びに参加する」動機づけになっていないのです。私が思い出すのはある生徒の言葉です。その生徒は、落第点を自分のアイデンティティーと結びつけていることをほのめかしていました。

「エッセイを書けって？　そんなのムリだ」——自己評価の文章を書くのに苦労していた生徒。

「おい、バカ、ここに座れって。オレら、この教室の落ちこぼれなんだから」――新年度の初日、友達を誘って近くに座らせようとする困難を抱えた生徒。

「わたしはよい成績は取れない。でも、このクラスでは、時には頭がよいと感じることがあります」――再テストは、悪いシステムではないと話す生徒

最初に言いたいのは、もし教師が評価方法を変更すれば、こういった生徒たちの言葉のいくつかは変えることができるということです。評価方法を〇点を含むものから、生徒の学びと理解を反映するものに変更することによってです。

第二に、生徒自身が評価の目的を理解するようにするという試みにおいて、ゼロの誤用は「二重のメッセージ」として混乱を招く可能性があります。提出物を出す意欲のない生徒にとって不運なことに、教師のなかには、ゼロは評価の根拠が何もないことを表すために使われるべきであると言う人がいます。評価に使えるものが何も手元にない、だから〇点だと言うのです。そういった状況でゼロが使われると、成績は理解したことを反映したものではなく、ルールに従っているかどうかを測るものになってしまいます。もちろん、課題などが一切提出されないとき、可能性として生徒が内容をまったく理解していないということはあり得ます。しかし、そのようなこと

はほとんどなく、むしろ、出席率が悪いことによるものではないでしょうか。反対に、生徒が授業に出席し、対話に参加し、少なくともいくつかの事柄について理解を示しているときに、課題提出がないことを理由に〇点をつけるのはおかしいのではないでしょうか？

かつて、私は〇点をつけることがふさわしい生徒もいると考えていました。自分がその生徒を教えたにもかかわらず、です。しかし、今、私はこう考えています。「生徒にゼロという評価をつけることは、むしろ私自身の指導への不合理な評価となるのだ」と。

最低点を五〇点にするやり方

数年前、ある学校の管理職から「助けてほしい」という連絡を受けました。その学校では、ゼロによる壊滅的な影響を軽減し、なおかつパーセンテージ評価を維持するために「最低五〇点」というやり方を試みていました。冬休みの後、学校に戻った教師たちは、最低点が〇点から五〇点に変えられたことを知りました。その結果、事実上の「暴動」が起こりました。そのことについて、これからお話します。

この「最低五〇点」の考え方は、パーセンテージ評価で使われる場合、落ち着いて考えれば、ちゃんと理にかなったものです。次のような場合を考えてみてください。

・多くの教育委員会では、評価AとBの差は一〇点程度であり、BからC、CからDも同様である。
・六〇点が合格点だとすると、〇点も五〇点も不合格である。
・〇点の代わりに五〇点を最低点とすると、FとDの差も、他と同じく一〇点となる。
・「五〇点」による生徒の成績への影響は、〇点による壊滅的なものより小さくなる。

この「最低五〇点」の意図は、何もしなくても五〇点が与えられるということではありません。先に述べたことから分かるように、成績段階の区分に一貫性をもたらすためのものなのです。しかし、「暴動」に発展したのは、教師、保護者、生徒の中に「何もしないのに五〇点はおかしい！」という主張があったためです。もし、私たちの目標が、生徒をエンパワーし、生徒自身を評価（と学習・訳者補記）の場に迎え入れることであるなら、そのような主張は無用のものです。

今にして思えば、この混乱はいくつかの要因から生じたものでした。とりわけ、「破滅的なゼロ」が多くの授業で使われていることを知りながら、段階評価と従来のパーセンテージ評価をつなぎ合わせようとしたことが原因でした。ガスキーがうまく表現しているように、「この問題の真犯人は、『最低五〇点』でも〇点でもなく、パーセンテージ評価システムである」のです。◆56 繰り返しになりますが、「最低五〇点」を取り入れると、「底」つまりゼロが五〇点に引き上げられたことになります。ガスキーの指摘を考慮するなら、生徒の理解度を数字で表すとき、最低点はゼロとしたままで、上限を一〇〇から、三から八の段階に引き下げるほうがいいのです。

これまでの議論から、パーセンテージ評価から段階評価に移行するメリットは次の通りです。

・六〇段階にわたる不合格のレベルを、わずか一段階で表せる。
・ゼロは、限られた範囲における学びを生徒が理解できなかったことのみを表現することになる。
・段階の差の幅に一貫性があり、分かりやすい。
・必要であれば、より高い精度の平均値をつくり出すことができる。
・まれなケースだが、平均を算出するためにゼロが必要なとき、データのバランスを崩すことなくゼロを使うことができる。もはや「破滅的なゼロ」は存在しない。

学びの上限を考え直す

時々は、教育に夢を見てもいいのではないでしょうか。もし、私たちが純粋に学びを追求できたら、成績や数字に怯えなくてもよくなったら……。私たちのスタンダードが、生徒に分析すること、予測すること、モデル化すること、そして創造することをカリキュラム内の学習内容において求め続けている今こそ、私たちが学びに設けた限界や上限を問うべきではないでしょうか？

パーセンテージ評価では、残念なことに、究極の目標は一〇〇パーセントです。生徒が「一〇〇パーセントを取ったよ！」と誇らしげに報告したり、「一〇〇パーセントが取れるといいな」と夢を語るのをよく耳にします。このような発言を聞いていると、パーセンテージは自慢できるような基準ではなく、むしろ学びの可能性を制限するものとして感じることが多くなりました。一〇〇パーセントを超えて、学びを追求しようとする生徒をめったに見ないのです。一〇〇パーセントを取って満足げな生徒のふるまいを見てください。もし、座っていれば、たいてい腕を組み、ゆったり座っています。見るからにご満悦な様子は、満点を取ることで、この学びは終わったと考えていることを示します。私は、こういった生徒を見て、この教材は簡単すぎたことを思い知らされます。(13)

(13)　協力者コメント「これは、良い点数を取ることが学ぶこととイコールになっていると小学校でも見られる現象である。多くの場合、担任として学習コミュニティーを形成するにはこの思い込みを崩すことから始まる。『どうしたら、もっと先（上）にいけるのか？（満点を取ったり、チェック項目を満たすことではなく、自分の学びを発展させることに注力している）』『探究は無限ループ』『よし、次はこうしてみよう（自己評価からの気づきやフィードバックを参考にして）』。子どもたちからこのような声が聞こえるようになってくると、一つステージを上がったなと感じる」。

表4.2　生徒の評価スケール

はじめたばかり	できるように なりつつある	満たしている	継続して 成長している
生徒は、スタンダードに向かって基本的な知識と技能を習得し、発展する過程にある。	生徒は、スタンダードに従って基本的な知識と技能を示せる。	生徒は、スタンダードに従って概念、知識および技能を理解している。	生徒は、スタンダードに従って、概念、知識、技能の活用可能なレベルの理解を示している。

モンテレイ・アメリカンスクール財団（ASFM）提供。許可を得て使用

そういえば、バレーボールチームの現コーチとして、選手たちが自分の学業成績をパーセンテージで語るのをよく耳にします。しかし、選手たちがバレーボールの技術についてパーセンテージを使うことはありません。自分の運動能力をパーセンテージで表現するなど聞いたことがありません。そんなことには耳を貸してもらえないし、こっけいなことでもあるからです。

世界のさまざまな場所において、評価レベル（105〜108ページを参照）のようなパーセンテージを使わない成績の示し方が取り入れられることで、より深い学びについて生徒と話し合う方法の可能性が拓けると思っています。

メキシコのモンテレイにあるアメリカンスクール財団（ASFM）は、生徒の達成度を報告する際に数字を使うことをほぼやめ、その代わり表4・2に示すような表現を考案しました。メラニー・ヘニング先生はASFMの中学・高校のインストラクショナル・コーチ［教え方のコーチ］[14]であり、そのような方法への変更で生まれた多くの成果を見てきました。

この枠組みでは、最終的な数値よりもフィードバックに重点を置くことができます。一〇〇パーセントというものは決して達成できるものではありません。もし達成できたとしたら、生徒はすでにやり切ったと思うことでしょう。私たちは学びに終わりがないことを知っています。この新しい表現法では、生徒が学習のどの段階にあるのか、前進するために何が必要なのかを具体的に話し合うことができるようになります。数字ではなく、成長に注目することができるのです。

たとえば、生徒がスタンダードを満たしたとき、次に何を目指すべきかについて、生徒と教師との間で生産的な対話が促されます。段階が四つしかない場合、生徒が各レベルで示す

(14)　インストラクショナル・コーチとは、教師に対して、教え方に関するアドバイスをするなど、教師を手助けする役割として学校内にいる存在のことです。日本でいうところの「指導主事」などとは少しイメージが違います。元々は、国語の教え方がライティング・ワークショップとリーディング・ワークショップに転換したところからスタートし、それがかなり効果的だったので他教科に普及しています。この教え方が生徒対象に効果的なら、同じように教師対象にも効果があるはずだと！　日本の指導主事には、なりたくてなっている人はあまり多くはありませんが、インストラクショナル・コーチはみんな希望してなっています。なる理由は、自分の影響力をより広く行使できると思うからです。単に自分のクラスの子どもたちを対象にするだけでなく、コーチする教師のクラスの子どもたちまで、自分のしたいことを広げることができるからです。そこまで考えている指導主事は、日本にどれほどいるでしょうか？

技能について、より集中した対話が行われました。おそらく、最も注目すべき点は、その技能に関して、生徒がさらに前進するために何が必要なのか、これらの情報が教師と生徒に示されるということです。そのことはより深い学びの過程を助け、達成の限界点を引き上げるのです（二〇二〇年四月二二日の私信[15]）。

私は、ヘニング先生に、この移行に関する問題点や、生徒の成績や学習に対する姿勢の変化を教師がどう見ているのか尋ねました。彼女の答えは次のようなものです。

伝統的な成績評価システムからの移行には、いくつかの困難がありました。評価レベルの各記述内容を理解するために、保護者と生徒の双方をサポートする必要がありました。しかし、全体としては、非常に良い結果が得られています（二〇二〇年四月二二日の私信）。

また、ヘニング先生は、七・八年生の理科教師（同時に、中学校の理科コーディネーター）であるジョシ・アルモイ先生など、数人の教師について具体的に述べています。

達成度評価への移行により、生徒たちは学習目標に到達するために具体的に何をすべきかをより意識するようになり、学習過程に対する主体性が高まりました。アルモイ先生は現在、授業で生徒用の自己追跡シートを使用しています（200ページの図4・2参照）。生徒たちは各ユニットの始めに自分の現状をチェックし、点数にこだわるのではなく、個々に合った学習目標を設定しています。

たとえば、理科で概念や現象に取り組む場合、アルモイ先生はまず、生徒が何を理解しているかを確認するために形成的評価を活用します。そして、その情報をもとに、それぞれの生徒が「できるようになりつつある」「満たしている」「継続して成長している」という目標を設定します。もちろん、一番低いレベルの「はじめたばかり」を目標にする選択肢は生徒には与えられません。

このような個別化された目標とその根拠に基づいて、十分な情報を得た生徒は、今のレベルでどのような活動に取り組めばよいか選ぶことができます。

生徒たちは、自分自身で学びの過程を進めることや、自らの学習を助ける活動を選ぶこと、期待に応えたことを証明できるようになりました。生徒たちは、追跡シート、教師からの形

(15)　ここでヘニング先生が言っていることは、ルーブリック（や評価レベル）にいえることです。単に評価をガラス張りにする効果以上に、生徒が何をすることがより上を目指すのに必要かを、まだ学んでいる過程で知ることができる最大の効果です。

図 4.2　ASFM 生徒のための自己追跡シート

ユニットのテーマ 「人為的な淘汰」		目標	進捗 1	進捗 2	目標を再確認する	進捗状況 3	最終
継続して成長している		「人為的な淘汰がどのように表現型を変化させるのか、より正確に分析し、それが良いことなのかどうかを評価する必要がある」		✓	「私の目標は、その技術が良いのか、そうでないのかを評価し、根拠をもって説明すること」		継続して成長している
満たしている	✓		✓				満たしている
できるようになりつつある							できるようになりつつある
							はじめたばかり

「会話はここで行われる」

学びの事例
紹介の記事に関する注意事項
全課題
遺伝子組換えトマトの発表
他の人の発表のメモ
ワクチンと糖尿病の活動・メモ
紹介の記事に関する注意事項 ディベートの方法の検討・参加

「追跡とフィードバック」

「決して総括的評価は示さない」

モンテレイ・アメリカンスクール財団（ASFM）提供。許可を得て使用成的なフィードバック、そして自らの活動を参考に、どの評価段階から始めるべきか決定します。さまざまな評価から学びの証拠を集めながら、「進捗」の枠に記入していきます。生徒たちは、評価を自分のものにし、より自信をもつようになっています。そして、学び手としての望みをはっきりと示しているのです。

アルモイ先生が新しいユニットを始めたとき、追跡シートを配布し忘れていると生徒から指摘されました。その生徒は、そのユニットでの学びの計画を立てたかったのです。「もし、これが主体的な学びのポジティブな例でなければ、ほかに一体どんな例があるのか分かりませんね！」と先生は笑いながら話してくれました。

上限を外したことで、生徒たちは一〇〇パーセントの枠をはるかに超えることができるようになりました。ＡＳＦＭでビジネスを教えるジョエル・ヘルナンデス先生とエリザベス・サリナス先生は、生徒たちがリスクを負って、教室の枠をはるかに超えた学びをするのを目にしてきました。授業で開発した製品を、実際のビジネスへと発展させた生徒も少なくありません。ある生徒は、カリフラワーライスという新しい食品を何度も試作しました。そして、最終的には地元のレストランと契約を結びました。マーケティングの授業で、すでに期待される水準に達していた生徒のグループは、学校の会議のために「好奇心と向上心」というロゴのデザインを仕上げ、会議を成功させるためのマーケティングチームの一員となりました。

また、ある生徒は、今まで想像もしなかったようなレベルの学びを実現し、ディズニー・メキシコが、彼女のポートフォリオをもとに実際にそのロゴを採用しました。

このように、教室の枠を超えて、学んだ技能を活用する生徒の例は数多くあります。ありがたいことに、ゴールはもはや一〇〇パーセントではなく、より深い学びなのです[16]（二〇二〇年四月二二日の私信）。

ASFMのような例には勇気づけられます。生徒たちによる学びという旅路、そして学習の究極の目標を説明する方法が、「活用する」や「洗練する」といった言葉によって変わることを熱望しています。いずれはすべての生徒にとって、学習目標は頂点を目指すことではなくなり、継続的な学習の発展になるのでは、と思っています。今、ジェームズ・ドノヴァンの『月に向かって撃て（未邦訳）』のオーディオブックを聴いているのですが、一九六〇年代、NASAの科学者が無数の課題と格闘していたという記述が魅力的です。◆36 科学者たちが、次のスタンダードに忠実であったと想像してみてください。

月面に人間を着陸させ、地球に帰還させるためのモデルを設計し、ツールを開発する。

ドノヴァンの記述によると、ＮＡＳＡの最も優れた人材は、自分自身をＡＳＦＭのスケール（表４・２参照）でいうところの「はじめたばかり」と感じていたように思えます。歴史を見渡しても、世界の優秀な科学者たちは、どんな困難な状況においても、自分たちは「取り組み始めている」「はじめたばかり」のレベルであることに気がついていたのです。この原稿を書いている今、私たちが経験しているコロナウイルスのパンデミックは、現代における差し迫った例であり、世界中で優秀な研究者が必死になってワクチンを開発しようとしています。新たな挑戦、探究、そして解決不可能と思われている問題の解決においては、誰もが初心者のような気持ちにさせられるのが自然なことなのです。

「Ａプラス」や「一〇〇パーセント」という限界を取り去ることは、生徒たちが学びの意味を新たにつくり上げること、そして、それを伝える「大きな跳躍」を助けるための大切な一歩になるでしょう。そして何より、次世代の科学者である生徒たちがとても魅力的な場所、「実社会」に踏み込んでいく助けになるでしょう。

---

(16)　ここからも、日本における「主体的・対話的で深い学び」の方向性が明確になります。それを唱えるだけではダメで、評価の改善にも手をつけない限りは実現しないことがわかります。また、学校の枠を超えて「本物を扱」ったり、「成果物を公にする」などプロジェクト学習の枠組みや教師の役割が参考になります（『プロジェクト学習とは』をご参照ください）。

大学レベルのイノベーション

マサチューセッツ工科大学（ＭＩＴ）ウェブサイトの教務課のページを見ると、「授業、評価、評定」と名づけられたタブの中に興味深いものがあります。「評価」タブの左側に、「試行的評価方針」というリンクがあります[17]。このリンクをクリックしたとき、驚くべきことが明らかになります。私が目的に注目しているのと同じように（すなわち、エレベーターピッチのことです！）、ＭＩＴも目的を意識して成績評価のスケールを調整しているようなのです。サイトには次のように記されています。

「勉強量の飛躍的な増大、個々の学生の準備状況や教授法の違いといった要因に適応するための時間を与えることで、ＭＩＴでの学習への移行を容易にするように初年度の成績評価は設計されています」（ＭＩＴ教務課）

実際のところ、ＭＩＴはどのようにして、大学での学習に容易に移行できるようにしているのでしょうか?

ＭＩＴに入学した新入生は、　年目の成績評価が「合格」と「不合格」しか行われないことに気づくでしょう。その通りです。サマーランド中等学校では六段階評価、ローズビルの中学校では四段階評価と、冒険的な試みをしていますが、ＭＩＴでは二段階評価（そのうち「不合格」段階は評価としてカウントされない）(18)にしているのです。

このようなＭＩＴでの学習の移行は、多くの一流大学で起こっている高い退学率、特に一年生での退学率への対応なのかもしれません。大学生の半数以上は入学後六か月以内に退学します。◆111 その一因は、初年度の成績が、高校の成績を大きく下回ることによる衝撃と恥辱にあります。マルコム・グラッドウェルが『逆転！』で書いているように、「理系の学位取得を左右するのは、本人の頭の良し悪しではなく、クラスメイトとくらべて頭が良いと感じられるかどうかなのである」◆51・84。シカゴのグレンバード高校で学年トップの成績を取ることに慣れた学生も、ＭＩＴ

(17)　下の二次元コードです。

(18)　たまたま訳者の一人が五〇年前にこの大学に入学したのですが、不合格は当時も全学年を通じて出されていなかったと記憶しています。出されるのは「不合格」の代わりの「まだ終わっていない（incomplete）」でした。従って、成績がもらえるまで再挑戦できますし、そのコースの単位取得を断念する選択肢もあるわけです。

で他の優秀な学生たちに囲まれると自信をなくすかもしれません。すでに自信喪失している学生は、一つか二つのB評価でパニックを起こすことでしょう。

中等教育以降になると成績が下がることが多いのは間違いありません。研究者たちは、カナダの大学一年生の半数以上が少なくとも一段階の成績低下を、さらに四分の一近くが二段階の成績低下を経験することを明らかにしています。高校時代の成績レベルを維持できるのは一年生の四分の一にすぎず、成績が上昇するのはわずか二・五パーセントです。[28] さらに、最もリスクが高いのが誰かを知ると驚くでしょう。データによると、高校で最も成績の良かった学生は大学の一年目以降に成績が下がる可能性が最も高いのです。[63] MITのような大学は、入学時に求められている学力水準が高いため、高校でトップクラスの成績を取っていた学生が入学してきます。そのような学生にとって、成績の低下は、挫折、恥辱、混乱、憂鬱という激しい嵐を巻き起こすことになります。そして、多くの学生が退学していくのです。

本章の冒頭で、評価についてレイマンと交わした会話を考えたとき、MITに見られる変化は注目すべき傾向です。自らの学びを「九八パーセント」と表現されていた高校生が、MITのような大学で「合格または成績なし［まだ終わっていない］」といったシステムに出会うと、かなりの衝撃を受けるかもしれません。保育所や幼稚園における評価方法はシンプルなものです。その「できるか、できないか」という、最も幼い子どもたちを評価する方法がMITのような大学でも採用されつつあります。(19) そろそろ中等教育の教師も評価の仕組みを再考すべきではないでしょうか？

まとめ

私たちが生徒の隣に座り、学びについて語ることを選ぶとき、そこで使われる言葉と記号は根本的に大きな影響を与えるでしょう。また、スタンダードがより複雑な知識の活用や応用へと移り、開発すること、モデルで示すこと、創造することを生徒に要求するとき、それは洗練された学びの取り組みにふさわしい言葉を探すための理由になるでしょう。そこで用いられる基準の意味を生徒が本当に分かっていれば、その評価の精度が増すことが研究によって示されています。◆109 パーセンテージは長らく評価と通知の礎石になってきました。しかし、生徒を評価の領域に招き入れるとき、説明を意味あるものとするためには、段階を少なくすることこそがふさわしいと証明されるかもしれません。レイマンに、もう一度聞いてみましょう。

(19) 決して新たな取り組みではありません！　少なくとも五〇年以上前から行われています。

第5章

生徒の自己評価「数字よりも大事なもの」

生徒がさまざまな学習経験について、
目的意識をもって効果的に自己評価し
説明できるようにするには
どうしたらよいでしょうか？

トム・ブレイディの例を見てわかるように、どの選手がナショナル・フットボール・リーグ（NFL）で成功するかを予測するのはとても難しいことです。二〇〇〇年のNFLスカウティング・コンバイン[1]に現れたブレイディは、誰が見ても冴えない選手でした。NFLのドラフト会議をよく知らない方のために説明しておくと、コンバインとは各チームがドラフトに参加する選手を比較し、ランク付けするための一連の運動能力テストのことです。テストの一つに四〇ヤードダッシュがあります。二〇〇〇年当時、ブレイディはこの種目で五・二八秒というタイムを記録していますが、これはNFLの現役クォーターバックの中では史上最も遅いタイムです[◆12]。また、垂直跳びのテストでは、地球の引力がブレイディには強めに働いたようで、六二センチしか飛べませんでした[◆12]。ちなみに、クォーターバックの選手は七六センチ以上跳ぶことも珍しくありません。テストの結果、ブレイディはFランクとなりました。一〇〇点満点中一二点という合計点は受験者の中で最低でした。

モックドラフトのサイト（MockDraftable.com）では、選手のコンバインの結果を見ることができます。蜘蛛の巣に似ていることから「スパイダーチャート」と呼ばれるこのチャートは、各選手の成績を中心（ゼロパーセント）から外側（一〇〇パーセント）に向かって線で表しています。グラフの各軸には、同じポジションの他のプレーヤーと比較したスコアを表す点が描かれていて、それらの点をつなげると選手一人ひとりの固有の形ができます。これは指紋と同じで、同じ形のスパイダーチャートの選手を見つけることは、不可能と言っていいでしょう。

このスパイダーチャートの囲まれた部分に影〔網掛け〕をつけると、その選手の能力の全体的なイメージが掴《つか》めます。本当に良い選手のスパイダーチャートは、ほとんどが影で覆われていますが、悪い選手のスパイダーチャートは影の部分がほとんどありません。ブレイディの二〇〇〇年のスパイダーチャートは、史上最悪のものの一つです。彼は身長だけは五〇パーセントを超えていますが（図５・１参照）、次の三つは五パーセントを下回っていました。幅跳びが四パーセント（図の中央付近の数字）、垂直跳びは二パーセント（図では見えません）、四〇ヤード〔約三七メートル〕ダッシュでは一パーセント（図では見えません）でした。

この一〇年間、プロフットボールに少しでも関心をもっている人なら、ブレイディがかなり興味深い事例であることに気づくでしょう。二〇〇〇年のドラフト六巡目で全体の一九九番目に指名されたブレイディは、二〇二〇年にタンパベイ・バッカニアーズに移籍するまで、二〇シーズンにわたってニューイングランド・ペイトリオッツでプレーしました。彼はＮＦＬのクォーター

（１） 毎年二月下旬に開催されるＮＦＬのドラフト候補生に対する運動能力とメンタルテストの名称で、参加できるのは主催者から招待された者だけです。

図 5.1　トム・ブレイディの NFL コンバインのスパイダーチャート

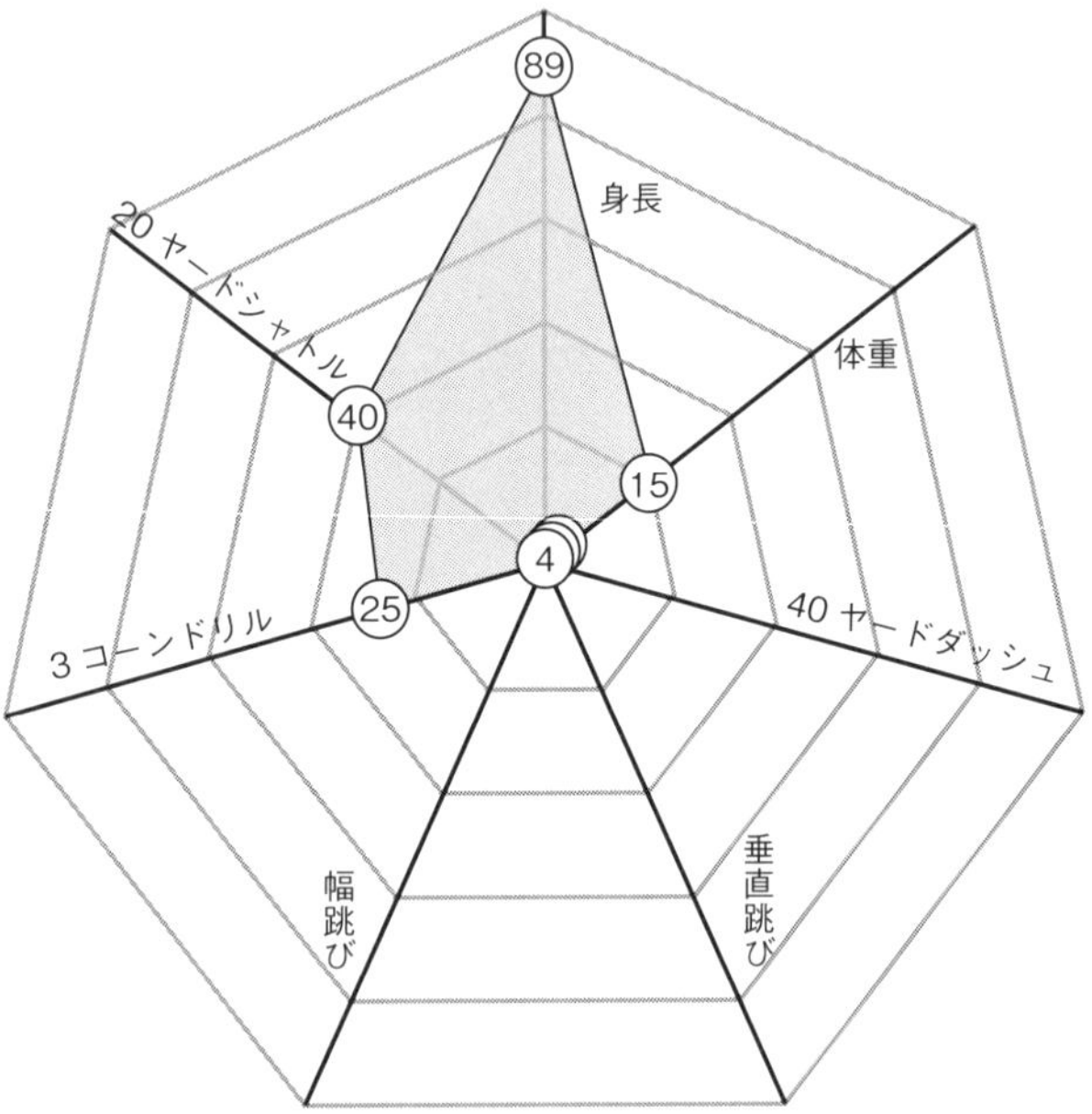

© マーカス・アームストロング、MockDraftable.com. 許可を得て引用

注・数字は、ブレイディの得点を表しています。20 ヤードシャトル（往復持久走）は、20 ヤードを繰り返し往復することで（詳しくは、20 メートルシャトルラン - Wikipedia を参照）、3 コーンドリルは、5 ヤードずつ垂直に離れた 3 つのコーンの間を往復する時間を計測するドリルです。

バックとして、大きな成功を収めたと言えるでしょう。いや、史上最高の成績を収めたと言うべきかもしれません[110]。二〇二〇年現在、彼がもつ五四のＮＦＬ記録のほんの一部をご紹介します。

・先発クォーターバックのキャリア最多勝利数（プレーオフを含む） 二四五回
・ＮＦＬ史上最多のタッチダウンパス数（プレーオフを含む） 六〇三回
・トータルヤード数（プレーオフを含む）歴代一位 八万五一五一ヤード
・史上最多のスーパーボウル出場回数 九回
・史上最多のスーパーボウル勝利数 六回
・二〇〇〇年以降、一〇点以上リードされた後のクォーターバックによる最多逆転勝利回数 三二回[83]

ブレイディのコンバイン時のランキングは、人を評価するときには「数字より大事なもの」があるというエリオット・アイズナー[43]の主張を最もよく表していると思います。

誰をドラフトするかを決めるとき、ＮＦＬチームのスカウトやコーチング担当者は、山のようなデータや録画映像、ゲームプレーの観察結果を持っています。彼らはパフォーマンスのデータの中を泳いでいるといっても過言ではありません。しかし、このように膨大な情報があるにもかかわらず、実際のＮＦＬの試合で誰が優れているかを予測することは、依然として謎のままです。

このことは、教師が生徒を一つの文字やパーセンテージのスコアに落とし込むことを躊躇させるでしょう。NFLのコンバインは、ストップウォッチなどの精密な測定器を使って一五個の数字で選手を表現しようとするものですが、このプロセスで個人を把握することはほとんどできません。同じように、成績は生徒のパフォーマンスを予測する材料にはなりますが、成績とパフォーマンスを混同しないように注意する必要があります。たとえば、起業家として成功した高卒者の多くは、高校時代の成績がトップクラスではありませんでした。

生徒を評価の世界に取り込むのであれば、その生徒がどのような人物なのかを理解し、数字や文字、コメントでは正確に表せないと理解することが重要です。

状況の影響

ウェディコ・サマープログラムは、社会、感情、行動面で問題を抱える八歳から一九歳までの生徒を対象とした、四五日間の滞在型治療プログラムです。「新鮮な空気の中での治療体験が前向きな変化をもたらす」◆125と考えている学校や教育コンサルタント、医者から紹介されて、子どもたちはニューハンプシャー州の五五万坪の湖畔にあるこのキャンプを訪れます。正田祐一らは、このキャンプの八四人の男性参加者を対象にした、社会的相互作用に影響を与える要因を調べる興味深い研究を行いました。研究者たちはデータ収集の方法として、参加者たちの仲間との対人関係を大人が関わるものとそうでないものに、まず区別しました。さらに、これらの相互作用をポジティブなものと、ネガティブなものとに分けました。前者は参加者が褒められたり応援されたりするようなもの、後者は仲間からからかわれたり大人から罰を受けたりするようなものです。[◆80・113]

研究者たちはその後、調査対象の八四人の参加者をそれぞれ一六〇時間以上かけて観察しました。[◆108] 七七人のキャンプカウンセラーとスタッフは、一万四〇〇〇時間以上を費やして、脅しや悪口を言うなど、言葉による攻撃的な行動を誘発する事例を探しました。[◆80・113] 研究者たちが発見したのは、個々の参加者が状況に応じて異なる行動をとるということでした。おそらく「攻撃的な行動」が原因でキャンプに参加させられた二人の少年が、攻撃的になるかどうかは状況に依存していたのです。ある少年の場合は、接する相手が大人なのか仲間なのかによって変わりました。さらに、対人関係が肯定的か否定的かによっても変わりました。参加者が攻撃的であるかどうかは、本人の資質や態度、思考パターンだけで決まるのではなく、「些細なこと」、つまり周囲の状況に大きく左右されるということがわかったのです。[(2)][◆80・108・113]

(2) 協力者コメント「自分のクラスにいた子を想起しました。その子は、個人面談の時の声の大きさやトーンとクラスの中のとでは大きく違っていて、自分もそれを自覚していたけど、最後までそれが同じになることはありませんでした。彼にとって教室は安心できる空間ではなく、自分を守るために攻撃的になっていたのだと思います」。

子どもたちがどのようにして、そしてなぜ特定の決定を下すのかを明らかにする研究には、長い歴史があります。「マシュマロテスト」を思いつく読者も多いでしょう。基本的な内容は、三～五歳の子どもたちの前にマシュマロを置き、「最初のマシュマロを食べる前に一五分待てたら、二つ目のマシュマロをあげるよ」と約束します。約束をした大人は部屋を出て行き、子どもが最初のマシュマロを全部または一部食べるまでの時間を自制心の尺度にするというものです◆108。マシュマロテストは、一九六〇年代にコロンビア大学の心理学者ウォルター・ミッシェルが考案しました。これは、子どもが意志の力や自制心によって満足感を得るのを遅らせる能力を身につけると、後々、学校や職場などで成功を収められるようになることを証明しようとするものでした。ミッシェルらが後年になって参加者を追跡調査したところ、最高レベルの自制心を示していた参加者は、平均して社会への適応度が高く、学業面でも大きな成功を収めていました◆112。

予想どおり、これらの発見は、自制心ブームを引き起こしました。しかし、子どもたちが周りからのプレッシャーにうまく対処する方法を身に付けることではなく、自制心が発達に必要な特性だとしてしまったところに問題がありました◆108。周りからのプレッシャー、すなわち子どもが意思決定をする背景について、さらに疑問を抱く研究者がいました。当時、ローチェスター大学の脳・認知科学の大学院生だったセレステ・キッドは、子どもたちの大人に対する経験、特に予測可能性と信頼の問題について誰か調べたことはあるだろうかと考えました。私が行ったキッドへのインタビューの中で、彼女はホームレスの保護施設で子どもたちと一緒に働いた経験を話し、「私が一緒に仕事をしている子どもたちは一五分も待つわけがない。過去の経験から、最初のマシュマロをすぐに食べるはずだ！」と語っています（二〇一八年一二月一一日の会話）。

キッドは独自の「マシュマロテスト」を行い、背景が及ぼす影響の可能性を探るためにいくつかの要素を導入しました。マシュマロテストまでの数週間、あるグループの子どもたちは「信頼できる大人」と過ごし、別のグループの子どもたちは「信頼できない大人」と過ごしました。「信頼できない」とは具体的にどのようなことなのか、キッドに尋ねたところ、豪華な画材を子どもたちに約束しておきながら、大人がそれを持ってこなかった場合の例を説明してくれました。「信頼できる」とは、大人が約束を果たしてくれることです。子どもたちがこれらの大人たちと過ごした後、キッドたちはそれぞれのグループにマシュマロテストを行いました。

その結果、キッドは本来の自制心以上のものが含まれていることを発見しました。子どもたちの意思決定には、過去の経験が大きく影響していたのです。キッドたちは、その後の論文で「子どもたちは、二つ目のマシュマロを待つかどうかについて、合理的な意思決定を行っている」と書いています。◆68 また、「この暗黙的な合理的意思決定のプロセスは、子どもがマシュマロテストを受ける前に獲得した信念に基づいている」とも書いています。ＡＳＣＤのビデオシリーズ『聞いてみよう』[4]を制作するためにキッドと話した際、彼女は調査結果から、すべての教師が生徒の決断を観察するための重要な視点を提供してくれました。「私たちが下すすべての決断や行動は、私たちの期待に大きく依存しています。そして、私たちの期待は私たちの人生経験に依存しており、それはすべて異なっています」。

　マシュマロテストを再検討し、先天的な特性よりも状況による要素を調査しているのはキッドだけではありません。テイラー・ワッツらは、ミッシェルやキッドの研究よりも参加者の数を大幅に拡大して、独自の研究を行っています。ワッツらは、経済的・社会的不利などの要因をコントロールして、九〇〇人以上の対象者を研究しました[124]。ジェシカ・コラーコは、雑誌・アトランティックの記事「お金持ちの子どもはなぜマシュマロテストが得意なのか？」の中で、ワッツらの研究の結論を見て、「二つ目のマシュマロを我慢する能力は、子どもの社会的・経済的背景によって大きく形成されている。それは、満足感を得るのを遅らせる能力ではなく、子どもの長期的な成功の背後にあるものだ」と書いています[21]。言い換えれば、自制心という特性よりも、あなたが育った環境や食べ物に不自由したかどうかという経験が、あなたの決断にはるかに大きな影響を与えているかもしれないということです。コラーコは、「最初のマシュマロが消えてしまうかもしれないと思う要因があれば、二つ目のマシュマロは関係ないようだ」と言っています。

キッドとの長くて示唆に富んだインタビューの後、私は二〇年間、教室で生徒と接してきたことを振り返りました。私は意識的に、あるいは無意識のうちに生徒の行動に関して思い込みで行動したことが数え切れないほどあったと気づきました。怠けているように見える生徒や課題を提出しない生徒に、怠け者、無気力、無秩序、無関心といったレッテルを貼っていたのです。インタビューの最後に、私はためらいがちに「この話は、私たちが思い込みに注意する必要があるということですか？」とキッドに尋ねました。彼女は「そのとおり。そして、それは教室の中だけでなく、人生全体に関係します◆[4]」と答えました[(3)]。

すべての生徒は、過去の経験を個々に組み合わせ、それらの出来事の記憶に基づいて予想や期待をします。そのため、私たちは、より多くのストーリーを得る手段や機会を探す必要があります。もし私たち人間のプロファイルが変化に富んだもので、一人ひとりの状況に大きく影響されるとしたら、その評価にはそれぞれ固有の意味があるはずです。この考えに基づき、私は次のような疑問を抱きました。

・生徒の学習や成長を、いくつかの文字や数字、そして多くの場合、コンピューターで作成されている簡単なコメントで評価することはできるのか？

（3）　これに関連する記事が、以下の二次元コードで読めます。

・学習に影響を及ぼす私生活や学習上の問題などを、生徒自身が話す機会をどうすればつくれるだろうか？
・生徒の経験、立場、背景、社会経済的な環境、人種、ジェンダーなどさまざまな違いに配慮した学習環境をつくるにはどうすればよいのだろうか？
・生徒一人ひとりに十分に配慮した上で、スタンダードに沿った評価（＝学び方や教え方・訳者補記）[4]を行うにはどうすればよいだろうか？
・生徒が自身の学習過程を報告する際に、しっかり声を出して説明する機会を提供できる評価ツールをつくるにはどうすればよいだろうか？

個人の視点の力

キッドとワッツらのマシュマロテストで、子どもたちが大人を信じているかどうかや、約束を守らずすぐにマシュマロを食べてしまうかどうかを最もよく知っているのは誰でしょうか？　それは、おそらくマシュマロを見つめている子どもたち自身ではないでしょうか？

ＡＳＣＤのビデオシリーズ『聞いてみよう』◆4のインタビューで、ジョン・ハッティは生徒が自分の目標達成を驚くほど正確に予測することを示すメタデータ分析を引用しています。教師に対する彼の率直なアドバイスは、文字通り「黙って聞きなさい」です。生徒たちがどのように解釈しているかに耳を傾けてください、ということです。さらにインタビューの中でハッティは、生徒の自己報告[5]はこれまでの評価をすべて捨ててしまうということではなく、むしろ生徒の声と自己報告の場を意図的につくることであり、このプロセスを促進するために共通の言葉をもつ必要があると主張しているのです。

正確さ——見て見ぬふりをする[6]

教師の多くは、生徒の自己評価の正確さについて疑問を抱いています。実際、生徒が自己評価

(4) 評価と、学び方・教え方、教える内容(カリキュラム)、さらには学習環境が深く結びついていることが、『だから、みんなが羽ばたいて——生徒中心の教室の「原則」と「実践」(仮題)』キャロル・トムリンソン著(新評論)でよくわかりますので、ぜひご参照ください。

(5) 自己評定(self-evaluation)、自己評価(self-assessment)を踏まえた判断で、自己報告(self-reporting)は、その両方を勘案して教師や親などに報告することを意味します。原書では、これらの違いを重視した表記の仕方になっていますが、訳としては、これら三つを合わせて「自己評価」と表記します。教師がするときも、生徒自身がするときも、これら三つはセットだからです。

(6) 原文は"The Elephant in the Room"。とても重要だと皆が知っているのに、あえて触れようとしないことを指しています。

を正確に行えない状況があるのも確かです。「NFLでプレーします！」と宣言した若いアスリートが、後になってテレビカメラのレンズを通して母親に手を振っているのを見たことがありますか？　もちろん、そんなことはないでしょう。学校では、正確さの問題に関する調査結果もあります。一部の研究では、生徒が自分の成績を偽ることが多いと指摘されています。[24・79・81・120]一方で、生徒は自己評価を正確に行うことができるという研究もあります。[71]

生徒に自己評価を求めるのであれば、正確性の問題に取り組むことは不可欠です。幸い、この分野の研究ではいくつかのガイドラインが出ています。ジェフリー・ローゼンらは、自己評価の枠組みには四つの構成要素があり、そのうちのどれかに誤りがあると、自己評価全体が不正確になることを示唆しています。[109]四つの構成要素とは、次のとおりです。

・理解　生徒は質問されていることを理解しているか？
・記憶の呼び起こし　正確な評価をするために、バランスよく代表的な事象を集めて記憶しているか？　研究によると、私たちの記憶の基礎を形成するのは、最も特徴的な出来事の傾向があるとされている。[109]
・判断　最終的な結論は十分なデータに基づいているか？　記憶が不完全であれば、その記憶に基づく判断もまた不完全である。

・反応　生徒が自己評価をする際、次の二つの問題によって正確性が損なわれる可能性がある。

（1）生徒が評価段階（レベル）を理解していない可能性がある。

（2）恥ずかしさなどの社会的要因によって、自分の評価を歪めてしまう可能性がある。

私は、生徒の自己評価の仕組みをつくって実施する中で、これらの正確性が欠落する可能性を目の当たりにしました。リーダーシップの授業で使用した自己評価シートは、生徒が三～四週間ごとに自己評価を行うためのポータルであり、最終レポートとしても使用されます。その過程で、私は評価シートを回収し、生徒の書き込みを注意深く読みました。評価シートの価値は必ずしもその正確さにあるのではなく、むしろ、生徒の視点や状況をよりよく理解するための「窓」であることがすぐに分かりました。

図５・２は実際の生徒の自己評価シートをモデルにして作成したものです。この自己評価シートを見た瞬間、私は不安を感じました。その理由の一つは、生徒が自分の達成度を大幅に過小評価していることでした。つまり、このシートは、記憶の呼び起こしと判断の両方の点で不正確である可能性が高いのです。その生徒は主としてネガティブな特徴を報告しようとしたので、その部分がかなり誇張されていたと思われます。「何の貢献もしていない」というコメントや改善すべき点はすべてチェックし、ネガティブな出来事だけを選んで記入して、それらだけで判断して

図 5.2　リーダーシップクラスの自己評価シート
（生徒の自己報告シートをモデルにして作成）

名前＿＿＿＿＿＿＿＿＿＿　日付　1 月 30 日

リーダーシップの評定　1　2　3

予想される成績

6	専門家
5	
4	見習い
3	
②	初心者
1	

9・10 年向けの　リーダーシップ

「私はリーダーシップの（初心者）見習い　専門家　です。」

強み／課題

ゲームチェンジャー★	ほとんどの時間、クラスに来ている。
ミドルプレーヤー	気が散るようなことはしないし、 授業中に他の人と話すこともない。
フォロワー	—クラスの話し合いには参加しない。 —熱意がない。 —授業に集中するのが難しい。 —何の貢献もしていない。 —最終プロジェクトをやらなかった。 —覚えたり理解したりするのが苦手。

改善点

- ☑ 宿題・自習
- ☑ グループワーク—課題への取り組みやコミュニケーションなど
- ☑ ジャーナル—深み
- ☑ ジャーナル—出来栄え
- ☑ クラスでの話し合い・ディベート
- ☑ 時間の管理と計画—プロジェクトワーク
- ☑ 小テスト
- ☑ ユニットテスト
- ☑ 再テスト

メモ

★変革をもたらす人、という意味です。

いました。

一方で、このような評価は、彼女の現在の社会的・感情的な状態を正確に伝えている可能性があるとも考えられます。コメントを読んで、私と同じような懸念をもっているカウンセラーに、さりげなく情報を伝えることができます。また、自己評価シートを使ってスクールカウンセリングのスタッフと連携し、支援を必要としている生徒をサポートしたこともありました。

この例は、生徒の自己評価がある点では不正確ですが、ある点では正確だという重要なことを示しています。


アメリカ中西部の大きな高校を訪問した際、生徒の自己評価の正確さを心配している教師に声をかけられました。彼はバスケットボールのコーチのシャツを着ていたので、学校でスポーツに関わっているのかと尋ねました。彼は、女子バスケットボールチームのコーチだと答えました。以下は、そのときの会話です。

彼が悩みを打ち明けた後、私は質問をしました。

「選手に自分のパフォーマンスを評価してもらうことはありますか？」

「はい、あります。私たちは試合の録画を見て、選手に自分の判断やゲームプレーについて話してもらいます」と、彼は答えました。

私は彼のチームや選手について何も知らなかったので、次の質問は奇妙に思えたかもしれません。

「あなたのチームの先発のポイントガードは、リーグ、連盟、いや州で最高の選手ですか？」

彼は私の質問に少し驚いたようでしたが、笑いながら、「いいえ、彼女は代表チームに入ったばかりで、今のところとても苦労しています」と答えました。私は続けて、「では、もし彼女に自己評価を求めたとき、彼女が自分はリーグで最高のポイントガードだと思う具体的な理由を挙げて説明したとしたらどうでしょう。あなたは彼女の自己評価を正確だと思いますか？」

「絶対に思いません」と彼は答えました。「彼女はリーグ最高のポイントガードには程遠い存在です。彼女の説明は、間違いなく自分の能力を過大評価しているでしょう」

「では、彼女のコーチとして、過大な自己評価はまったく役に立たないものだと思いますか？」

その質問に、彼は少しの間、黙りました。

「いいえ」と、彼はためらいながら言いました。

「コーチとしては、彼女の評価は役に立つかもしれません。なぜ彼女がそのような判断をするのか、その理由をよりよく理解することができるかもしれません」

「どのような判断ですか？」と、私は尋ねました。

「たとえば、四点差で残り一分を切ったとき、彼女が危険なパスを出すという判断です。自分の能力を正確に把握していない選手は、不必要なリスクを負う傾向があります」

この後、私は会話の内容を授業のことに移しました。

「コーチをしている他に、何を教えているのですか？」

「生物です」

「生物の生徒に自己評価を求めたとします。ある生徒が、自分は生物の理解度が高く、友達二人と一緒に宿題をする方法がうまくいっていると主張したとします。もし彼女の自己評価に同意できなかったとしても、それは不正確だというのではなく、その生徒をよりよく理解するために役立つと思いますか？」

「そう思います」

この章の残りの部分では、自己評価を通して生徒が声を出し、夢中になって取り組むことを促すツールや方法、仕組みを探っていきます。これらのアイディアの中には、革新的で新しいスキルを使うものもあります。ローゼンたちが挙げた理解、記憶の呼び起こし、判断、反応という四つの正確性（222ページを参照）を高めるには、以下のことに注意することをお勧めします。◆109

・質問や「思い出させる」投げかけを明確にする。
・学びのさまざまな側面を生徒に思い出させるような枠組みを提供する。

・あいまいさを排除し、意味のある尺度を使用する。
・生徒が安心して自己評価できる安全な環境をつくる。
・データの性質や使い方によって、自己評価は正確にも不正確にもなり得ることを意識しながら、すべての要素を見ていく。

そして何よりも、生徒たちが自らの理解や学びを評価し、報告するためのさまざまな方法を模索していきたいと考えています。

シェアリング・サークル――生徒に自己報告の扉を開く

この本を書き始めたときは、まさかシェアリング・サークルを生徒の自己報告に欠かせない要素として取り上げるとは思ってもいませんでした。しかし、この二年間、自分のクラスや大人たちとの間でさまざまなシェアリング・サークルを経験してきた結果、これを紹介せずにはいられませんでした。私が実感したのは、人々の自己報告の意欲とその評価の深さや質は、環境の中で感じる安心感と安定性に直接関係しているということです。学びを追求する上で経験する成功や苦悩は、極めて個人的なものです。このようなデリケートなことを、すべての人がすぐに話してくれるとは思えません。したがって、共有することが自然で、健全で、さらには楽しいものになるようなコミュニティーの意識を育む必要があります。生徒がどのように行動するかは、どんな場合でも、その環境に対する彼らの期待に大きく依存するというキッドの主張（217〜219ページ参照）を思い出してください。

シェアリング・サークルは、学習環境に前向きな期待を抱かせ、生徒の自己報告と説明に大きな影響を与える方法の一つです。ただし、私が最初に試みたシェアリング・サークルは大失敗でした。

シェアリング・サークルを始めよう

それは、サマーランド中等学校の九年生と一〇年生のリーダーシップの授業を始める直前のことでした。私は必死になってある「物」を探していました。二〇年近く教鞭をとってきた中で、一年の始まりに「物」を必要としたことは一度もありませんでしたが、この時は違いました。二人の同僚がシェアリング・サークルを授業に導入することを勧めてくれたのですが、その活動には「物」が不可欠だったのです。

いくつかの要因が重なって、私は教師中心の居心地のよい領域から抜け出し、この授業をこれまでとは違う形で始めることにしていました。

私は、少し前に行われた、すばらしい教員研修プログラムに参加したばかりでした。ブリティッシュ・コロンビア州の「探究と先住民教育のネットワーク」の共同ディレクターであるジュディ・ハルバートとリンダ・ケイザーが開催した研修会です。

その研修では、まず大人数の大人たちが二つのグループに分けられ、次のような指示を受けました。

・あなたの夏の特別な出来事をグループで共有してください
・これからはじめる一年間で、あなたが楽しみにしていることは何ですか？

ある人からある人へと物を渡し（私たちの場合は木の枝）、その物を持っている人は、上記の質問の一つ、または二つともに答えるか、黙ったまま次の人にその枝を渡すことができます。

これは研修を始める際の、強力かつユニークなやり方でした。第一に、一人の講師ないし発表者が会話を支配するのではなく、全員に発言権を与えることから始まりました。第二に、ハルバートとケイザーは、自己報告の価値について話すだけではなく、参加者にそれを体験し、感じてもらうようにしました。この活動の振り返りの時、ケイザーは「シェアリング・サークルは何千年も前から人間の生活の一部であり、先住民や非先住民のさまざまな文化に存在し、私たちのコミュニケーションと相互理解を助ける強力なツールであった」とコメントしました。

リーダーシップの授業の話に戻ります。

研修会でシェアリング・サークルを体験してから一週間近くが経ちました。私は学校の初日に自分のクラスでこの成功を再現しようと意気込んでいました。シェアリング・サークルの導入を勧めてくれた同僚の一人は、「先住民のシェアリング・サークル」の背景情報とすすめ方の手順が記載された彼女のブログページのリンク先を送ってくれました。とても助かりました。先住民族のコミュニティー・リーダーたちと相談しながら、彼女は以下のような手順をつくっていたのです。

・物を持っている人だけが発言でき、他の人は敬意をもって聴く。
・物を受け取ったとき、発言することは強制されない。誰にでもパスする権利がある。
・いったん、サークルが始まったら、誰も加わったり離れたりすることはできない。
・サークルの中で語られたことは、サークルの中だけに留める。

シェアリング・サークルの新米である私にとって、この情報はとても貴重でした。

さて、この「物」についてお話ししておきましょう。私はもともと計画を立てるのが得意ではないので、当然のようにクラスのために適切な物を用意していませんでした。授業開始の一〇分前、私は落ちているいい枝か棒を見つけようと必死で校庭を探していました。最初に地面を探しましたが、落葉は掃除されたばかりでした。目撃者が少ないタイミングを見計らって、学校の入り口に近い木から小さな枝を折りました。「パキッ」という音がして、よし手に入れたと思った瞬間、通りすがりの生徒が「何をしてるんですか？」と尋ねてきました。私は授業に必要なのだよとブツブツ言って校舎に戻りました。偶然にも、この好奇心旺盛な生徒は私のリーダーシップのクラスにいました。

ほんの少し息切れし、汗をかいただけで首尾よく枝を手に入れた私は、これまでの居心地のよい領域から出て、未知の領域で新年度をスタートしようとしていました。緊張していた私は、一四人の受講生が登録していることを知って、少し安心しました。さすがに枝泥棒を目撃した生徒は怪訝な顔をしていましたが。

机を部屋の横に移動して、椅子を円状に並べた後、活動を紹介しました。最初は、研修会の時に自分が答えた二つの質問を使うことにしました。生徒たちはすぐに、私が八月に息子と一緒にアトランタを訪れたことや、秋にバレーボールのコーチをするのを楽しみにしていることを知りましたが、隣の生徒に枝を渡したとき、状況は一変しました。

枝を手にした生徒は、一瞬枝を見つめ、呆然とした表情でグループを見回しました。数秒が数時間にも感じられました。しかし、自分にはパスする権利があることに気づいた彼女が、「パス！」と言って沈黙は破られました。その後、枝は次々と五人の生徒の手をすり抜け、それぞれが「パス！」と言うまでの間だけ握られていました。サークルの中で私の反対側に座っていた男の子の手に渡ったとき、彼は私を哀れに思ったようで、発言してくれました。「僕は退屈な夏を過ごしたので、何も楽しみがありません」。私は誰かが話してくれたことがとてもうれしくて、気持ちを抑えきれず、思わず「すばらしい！」と言ってしまいました。二人の女の子が私をにらみつけ、一人は「枝がない人は話してはいけないのに」とささやきました。

私が余計なことを言った直後、ドアをノックする音がサークル活動を遮りました。ドアが開くと、スクール・カウンセラーがコースに登録したばかりの生徒二人と一緒に入ってきました。枝を持った少年は、「デューク先生、どうするのですか？　一度始まったら誰も参加できないし、退出もできないと言いましたよね？」と言いました。

慌てて枝を探したために、シェアリング・サークルが開催中であることを示す「入室しないでください」のサインをドアに貼るのを忘れていたのです。新しく来た二人に居心地の悪さを感じさせたくなかったので、ルールを破って椅子を二つ増やして輪を広げ、活動を紹介し、質問を確認しました。シェアリング・サークルを再開すると、新しく来た二人を含む残りの生徒たちは、全員「パス」を選択しました。最初のシェアリング・サークルは大失敗でした。

その日の終わりに事前情報をくれた同僚に電話して、もう二度とシェアリング・サークルはやらないと断言しました。彼女は、私の初挑戦はまだマシな方だと言って安心させようとし、もう一度やるように勧めてくれました。しかし、私は「サメに食べられて、消えてしまいたい」と返答しました。彼女はそんな私を無視して、机や椅子を動かす前にホワイトボードに質問を表示しておくようにアドバイスしてくれました。


翌日、私は勇気を出して再挑戦しました。机や椅子を移動させる前に、前夜の同僚のアドバイスどおり「あなたの好きな映画や本は何ですか？　そして、その理由は何ですか？」と、ホワイトボードに書きました。少し考える時間があれば、何人かの生徒は映画や本のタイトルとその理由を話してくれるように思えました。ところが残念なことに、今回もドアに「入室しないでください」と貼るのを忘れたので、新しい生徒がクラスに入ってきて、四、五回は中断されました。カウンセラーが来るたびに、私は睨んでいました。授業開始時に一六人だったサークルは、終了時には二八人になっていました。新しい生徒が来るたびに椅子を増やし、質問の説明を繰り返しました。そして、再開するたびに手順の一つを破っていました。

そのうちに、まだ成功と言えるほどではありませんが、少しずつ状況が変わっていくのがわかりました。何人かの生徒が枝を持ち、勇気を出して自分の好きな映画や本を紹介すると、周りの生徒が無言でジェスチャーや表情で反応するのが見えました。誰かが選んだ本や映画に否定的な反応を示す生徒が一人か二人いましたが、ほとんどの場合、メンバーの表情は同意や承認を示していました（シェアリング・サークルの手順の中には、話し手が共有した感情や意見に対して聞き手がまったく反応しないことを推奨しているものもあります）[◆98]。生徒が共有を始めると、枝を持っている人だけが話すことが許されていることを全員が再認識する必要があることに気づきました。これを課題と考えるのではなく、チャンスだと考えました。生徒たちが反応をしたがっているのを見て、もう一周、枝を回すことを提案しました。今回は、最初の一周で誰かが言ったコメントに生徒が反応するというようにしたのです。そうすると、一人の生徒が「私もそのシリーズの本が好きなので、○○（生徒の名前）さんに共感しました」と言い出しました。このコメントをきっかけに、お互いの選択に対する反応が連鎖していきました。枝が三回目、四回目と回っていく中で、私は生徒たちが同意、支持、繋がる言葉をサークルの外に広げていくのを見ました。二人の同僚が言っていた通り、学習環境は徐々にコミュニティーの雰囲気を帯びてきました。

授業の五週目には、サークルの手順は確立され、初めの数回で味わった苦痛はほとんど感じなくなりました。毎週月曜日はシェアリング・サークルで始まり、週の半ばに実施することもありました。ニュースや地域、学校などで大きな出来事があった時には、シェアリング・サークルで、自分の考えや懸念を率直かつ安心して話し合える場を設けました。テーマは、「一番怖い／一番楽しい動物体験」「好きな果物を教えてください」「もし一〇〇〇ドル使えるとしたら」など、たくさんありました。月曜日の朝、多くの生徒がサークルへの期待に胸を膨らませてやってくるようになりました。

六週目ぐらいに、「失ったもの、見つけたものについて教えてください」という質問をしたことを覚えています。これは今までで最も印象的な記憶に残るシェアリング・サークルとなりました。笑える話、面白い話、悲しい話、説得力のある話など、さまざまな話が飛び出しました。五〇分以上経過しても、生徒たちはお互いに話し合うことに夢中になっていました。

ある生徒は、最初の四周は枝を「パス」しましたが、五周目になってようやく安心して、最近おじいちゃんを亡くしたことを話してくれました。おじいちゃんは、自分にとって最も身近な家族だったので、とても辛いことだったようです。

最初にサークルに参加したときはすぐに「パス」を選択した生徒たちが、六週間後にはとても個人的な話を率直に話してくれたことに驚きました。ある生徒は、長い間お父さんに会っていないので、何年か後に再会したいと言いました。また別の生徒は、兄が大学に行った後に、初めて兄への親近感を感じたことを話しました。私が忘れられないのは、家族七人がインドに向かっている間に、生徒が上海の空港に置き去りにされたという、信じられないような実体験の話です。私はそれまで、『ホーム・アローン』は純然たるフィクションだと思っていました。この授業の後半になると、生徒たちは「今日はシェアリング・サークルをしてもいいですか?」と、よく聞いてきました。

シェアリング・サークルは、リーダーシップのようなコースだけのものではありません。六・七年生担当の別の同僚は、クラスの問題を解決するために「おしゃべりサークル」を定期的に利用していると述べています。◆95 勇気を出してサークルをやってみようと思ったあなたは、注7の二次元コードからシェアリング・サークルのリンクや資料を探してみてください。(7) 資料の中には、シェアリング・サークルを始めるきっかけとなる質問やサークルで話し合える幅広いテーマを紹介するものがあります。その中には、サークルを使ってカリキュラムの目標を紹介したり、サポートしたりするものもあります。たとえば、ある先生が犬の品種に焦点を当てた遺伝学の研究に着手しようとしているとします。そのユニットの最初の活動は、「どの犬種でも飼えるとしたら、どれを選びますか?」というサークルの質問から始めることができます。私の二〇年間の授業を振り返ってみると、このように生徒の意見を取り入れたテーマで活動を始めていればよかったと思います。今では、次のような質問を使って、今までとは異なる第二次世界大戦のユニットを始めることが想像できます。

(7) シェアリング・サークルの二次元コード

・第二次世界大戦と聞いて、どのようなイメージがまず浮かびますか？
・あなたの家族や地域が第二次世界大戦の影響を受けたことを知っていますか？

自己報告について生徒に質問するシェアリング・サークルを実施しましたが、彼らのコメントはとても参考になりました。もしかしたら、成績や通知表、評価レベルの変更などについてもシェアリング・サークルで考えればよかったかもしれません。チャンスは無限にあります。

世界中のさまざまな社会が直面している大きな問題のことを考えると、教育のあらゆる分野において一人ひとりのなかにある物語を共有したり、受容と寛容を促す方法やツールを探すことを勧めます。私たちは皆、それぞれの物語をもっていますが、それを語る機会はほとんどありません。前述の「探究と先住民教育のネットワーク」のハルバートとケイザーは、先住民の学びの原則を教育のあらゆる分野に取り入れることを提案しています。◆58 シェアリング・サークルはその一例にすぎません。ここでは、その「学びの原則(8)」のいくつかを紹介します。

・学びは経験的で、関係性があり、つながりや場所の感覚に焦点が当てられている。
・学びは、記憶、歴史、物語に組み込まれている。
・学びには、忍耐と時間が必要である。

サークルを超えた共有のメリット

シェアリング・サークルは予想外の成功を収めましたが、最大のメリットは、私と生徒がサークルに参加していないときに起こりました。当時の私は、この活動が生徒の自己報告に、以下のような大きな貢献をすることを、まだ知りませんでした。

・すべての活動において、生徒同士の結束力が高まった。
・ＥＳＬ[9]の生徒が新しい環境で言語スキルを学んだ。
・普段の授業でも、積極的に発言するようになった。
・人種、文化、指向性、性別の異なる生徒を受け入れるようになった。
・リスクを取って挑戦することが増えた。
・個人的な考えや感情を共有することへの安心感と自信が増した。

（8） この「学びの原則」はとても魅力的ですが、とても共通点が多い、脳の機能から導き出されたもう一つの「学びの原則」も紹介しておきます。以下の二次元コードを参照してください。
（9） English as a Second Language（英語以外を母国語とする人たちのための英語）の略です。

第3章（144〜147ページを参照）で述べたように、私が導入した自己評価の仕組みの一つに、クラスの活動やゲスト・スピーカー、あるいはテーマに対して生徒が反応したことについて書くジャーナルがありました。このジャーナルは、生徒と私のコミュニケーション・ツールとして機能しました。授業が始まって数週間後、生徒たちにシェアリング・サークル活動の感想を聞いてみました。留学生からは「日常会話の中で英語を学ぶことができた」という感想が寄せられ、「シェアリング・サークルが授業の中で一番良かった」と話す生徒もいました。「最初はシェアリング・サークルが嫌いだったのに、数週間後にはとても楽しくなっていた」と告白する生徒もいました。

私がリーダーシップの授業にシェアリング・サークルを導入した時期と、生徒の自己報告制度を導入した時期が重なったのは、作戦というよりも運でした。シェアリング・サークルが生徒の自己報告や自己評価に貢献したと断定することはできませんが、私はそうであったと強く思っています。シェアリング・サークルによって、コミュニティーが形成され、安心感が確保され、自分のことを正直に話してもいいんだという感覚が生まれました。私はこの関連性を確信しています。初めのうち、シェアリング・サークルの手順やそれに類するものを定着させるのは難しいですが、後で必ずクラスのコミュニケーションや文化にメリットをもたらしてくれます。

会話を基盤とする成績評価

私は高校の管理職として、生徒と雑談をする機会が多くありました。何かの問題について自分の部屋で生徒と話をしているとき、「授業はどうだった？」と聞くことがよくありました。生徒は肩をすくめて「わからないよ」とつぶやくことがありました。これは良い兆候ではありません。もし、私が友人にキッチンのリフォームの進捗状況を尋ねたとき、彼が「よくわからない」と肩をすくめて答えたとしたら、奇妙だと思いませんか？

私たちは、ハッティの一番の成果指標が「生徒の自己評価による成績」であるということと、多くの生徒が自分の学習について簡単な自己評価や説明すらできないようだということから、二つの目標を掲げました。

・生徒が自分の学習について自己評価と説明をする機会を増やす。
・そして、それを促進するための言葉を決める。

生徒に自己評価の扉を開いたのは、州内の教師の中で私たちが最初ではありませんでした。当時、私が勤めていた高校の校長だったクリス・ファン・ベルゲイクは、弟のデイヴが生徒の成績を決めるために、会話形式の革新的な方法を開発したと話していました。そのデイヴ先生は一二年生の微積分を教えていたので、私はさらに興味をそそられました。サマーランド中等学校のメンバーがデイヴ先生に会ったところ、彼はとてもシンプルに成績評価のシステムを説明してくれました。通知表作成のために最終的な成績が必要な場合、デイヴ先生は生徒一人ひとりと向き合い、最終的な成績がどうあるべきかを生徒に尋ねます。それまでのやり方と大きく異なるのは、教師よりも先に生徒が成績とそれを裏づける証拠を考えなければならないということでした。

生徒が自分の成績を決めることは、主観的で自分勝手なわけではありません。デイヴ先生は、小テストやテスト、課題の点数を記録し、それらのデータをもとに自分の意見をもつように生徒を促しました。「ほとんどの生徒は自分の判断に近い成績を出しますが、必ずしも全員がそうではない」とデイヴ先生は言っています。生徒が自分の判断よりもかなり高い、あるいは低い成績を報告した場合、彼は生徒に裏づけとなる証拠を提示するよう求めます。不正確な自己評価があったとき、彼は生徒に「なぜあなたはこうだと思ったのか、私が理解できるように説明してほしい」と尋ねました(10)。

デイヴ先生とのやり取りは、不可思議な世界に踏み入ったような気分でした。私は聞いたことのほとんどを信じられませんでした。通知表の最終的な評価を決める時、生徒が主体となって採点の会話をするとは想像もしていませんでした。六年生の美術の授業や九年生のリーダーシップの授業では考えられたかもしれませんが、一二年生の微分積分でできるなんて信じられなかったのです。

デイヴ先生が自分のシステムを説明し終えたとき、それは以下のようないくつかの基本的なことの上に成り立っていると思いました。

・生徒は自分の進歩や能力をかなり正確に把握していた。
・生徒は自分のコースでの出来具合について概ね正直であった。
・生徒が主体となって話し合うことで、成績をつけるプロセスに対する生徒の賛同が得られた。
・生徒が獲得したと考える成績は、証拠となる資料（図５・３を参照）によって裏づけられる必要があることを理解していた。
・生徒のパフォーマンスは、一つの「正確な」数字よりも、成績を習熟のレベルで表現する方がよく、基本的に教師と生徒はこれらのレベルに同意することができた。
・コースの最終成績をパーセンテージで表示することは法律で義務づけられている。習熟のレ

(10) 協力者コメント「これに近いやりとりを、ルーブリックを使用した課題に対して実施していた。ルーブリックに自己報告欄と評価者からの評価欄を設けて、そのギャップについて対話をし、お互いがその評価について説明する。教師とだけではなく、児童同士の相互評価でもこの取り組みをしていた」。これは、小学校で国際バカロレアのプログラムを実践している事例です。同じ事例を『テストだけでは測れない』の126～135ページで詳しく読めます。

ベルが決まれば、教師と生徒はそのパーセンテージ表示にほぼ合意することができた。

ハッティの文献研究と私たちの実践研究から考えると、デイヴ先生のようなアプローチは私たちの学校でも実現可能ではないかと感じました。生徒たちには、日常生活での会話に近い形で学習について話してもらいたいと思いました。これによって、学習目標の理解が深まり、フィードバックを受けた後の学習改善のために、生徒が何をすべきかを理解しやすくなるのではないかと考えたのです。そして、学校の同僚たちの協力

図 5.3　証拠となる資料

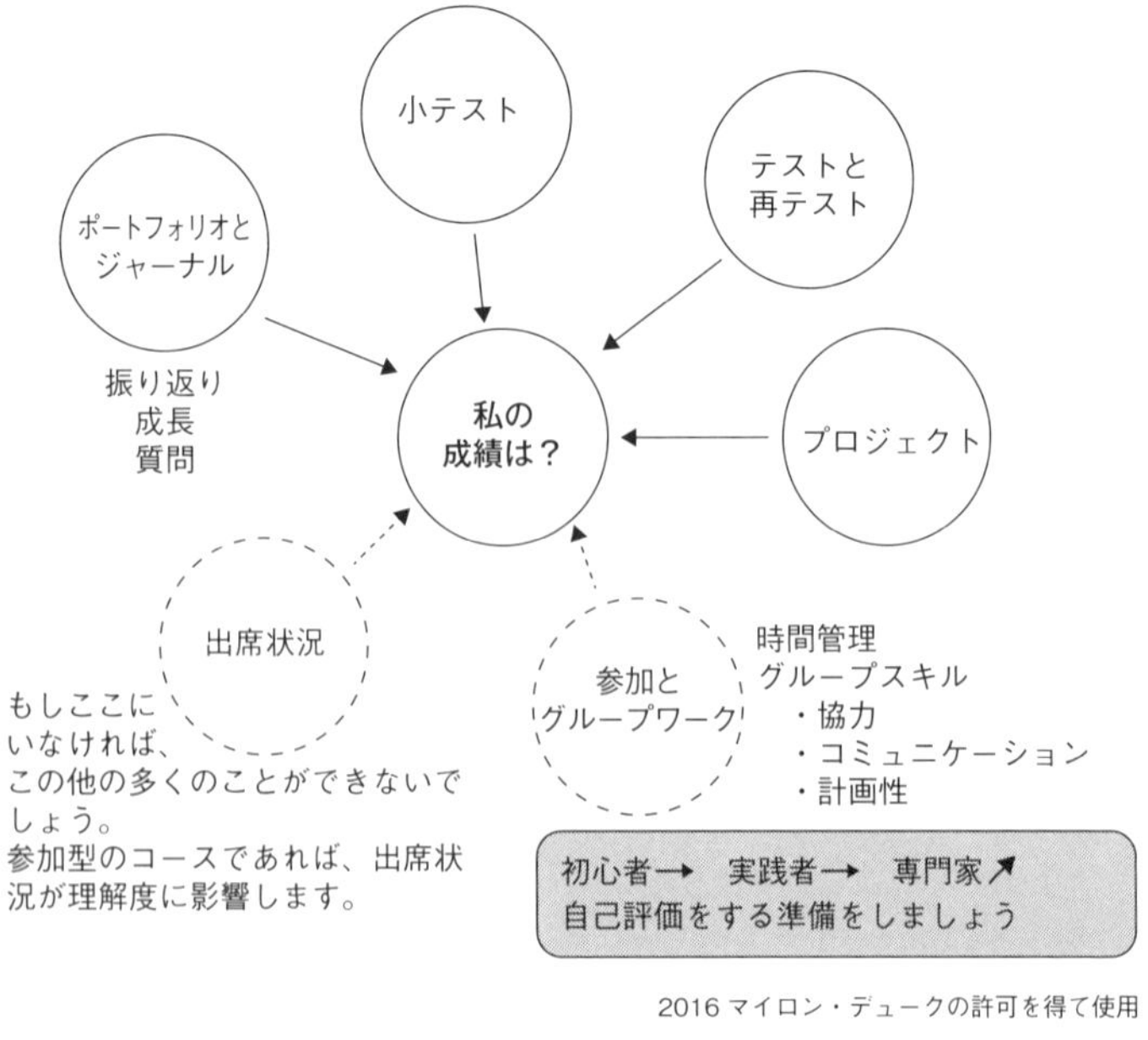

2016 マイロン・デュークの許可を得て使用

表5.1　習熟のレベルを表す教師と生徒の言葉

		教師の言葉	生徒の言葉
専門家	6	理解度やスキルはほぼ完璧、高い信頼性があり、スタンダードを満たしている。	「教えることができる!」
	5	理解度やスキルはしっかり示され、信頼性はあるが、わずかなミスがある。	「ほぼ完璧だが、1つだけ小さなミスがある」
実践者	4	理解度とスキルは良く示され、信頼はあるが、いくつかのミスがある。	「よく理解しているが、ほんの少しミスがある」
	3	理解度と基礎力は十分であるが、鍵となる概念が不足しており、ミスが多い。	「正しい方向に進んでいるが、重要な概念について理解が不足している」
初心者	2	鍵となる概念の基本的な理解と基本的なスキルは簡単に示されているが、多くのミスがある。	「合格するのに十分な証拠を示した」
	1	主要な概念の理解と基本的なスキルを示す必要がある。多くのミスがある。	「この結果やスキルについて、さらに学習する必要がある」

ベン・アーキュリー、ショーナ・ベッカー、マイロン・デュークの許可を得て使用

を得て、私たちの説明は何度も修正され、繰り返し使用できる枠組みへと進化していきました。これらの先生方は、生徒が自分の学習を報告するよりよい方法のために、生徒からのフィードバックを求めました。この枠組みには、「教師の言葉」と「生徒の言葉」の両方が含まれていることに気づかれるでしょう（表5・1参照）。

生徒には、自分のジャーナル、課題、小テスト、テスト、プロジェクトなどから証拠や例を探し、自分がどのように考えているのかを発表してもらいました。会話ベースの成績評価とは、私たちが生徒の隣に座って、生徒に自分の学習について語らせることです。デイヴ先生のアプローチと同じように会話を導くため、私たちは図5・3を作成しました。私たちは生徒に、何を自己評価し、説明するかを決めるときには、

多くの「証拠となる資料」を考えるように促しました。

生徒が自分の学習について語り、自分自身について報告することを歓迎すると、信じられないような結果が出ました。完全に教師だけのものであった評価プロセスが、生徒と適切に共有されるようになったのです。私たちは意図的に出席、努力、参加などの行動を成績に含めなかったのですが、これらの要素は必ず学習に関する会話の中で重要な位置を占めていることが分かりました。たとえば、出席率の低さの問題について考えてみましょう。会話に基づく成績評価によって、多くの生徒は授業を欠席することが学習成果の全体的な理解に悪影響を与えていることに気づくことができました。

私は、パーセンテージと成績評価の世界を一気に変えてしまうことはできないと考えるようになりました。特に高校では、通知表の必要性や高校卒業後の進路に配慮して、いつ、なぜパーセンテージを使うかについて生徒と話し合うことが重要です。表5・2で、ベン・アーキュリー先生は、化学の生徒に対してこの点を明確に説明しています。アーキュリー先生は、習熟度のレベルに三つのスコアのいずれかを付けることができます。たとえば、ランキング六の生徒が学期またはコースを修了した場合、九五、九七、または一〇〇パーセントを付けることができます。

私たちの予備調査に参加した教師たちは、自分たちで自己評価シートを考えました。表5・3

表5.2 ルーブリックのカテゴリーとレベルに関連したパーセンテージ

カテゴリー	ランキング	この部分は、各学期末の通知表に記すパーセンテージを決定するためのみに使用します。		
継続して成長している	6	95	97	100
満たしている	5	86	90	94
	4	73	80	85
できるようになりつつある	3	60	66	72
	2	50	56	59
はじめたばかり	1	30	40	45

ベン・アーキュリーの許可を得て使用

はショーナ・ベッカー先生たちがデザインしたものです。彼女たちは、生徒のために明確な学習目標を盛り込んだだけでなく、私たちが使用している評価レベルを生徒に見せて、取り組みの習慣について自己評価ができるようにしました。なお、ベッカー先生は、学習成果のいくつかについては三つのカテゴリーで十分だと判断しましたが、より広範な他のものについては六つのレベルの精密さが適切であると判断しました。また、私たちの教育委員会では、コース終了時にパーセンテージを報告することが義務づけられています。この点を考慮して、各習熟度に対応するパーセンテージ・スコアも設定しました。

マーニー・メンネル先生と私は、図5・4に示す「ドライブスルーの評価」を作成しました。評価についての生徒と教師が効率的に会話する様子が、ドライブスルーのレストランの会話を連想させることと、彼女のコースが「食品・カフェテリア」なので、このように名づけられました。ツールを開発した後は、生徒に説明して一

表 5.3　10 年生の理科における学習目標の自己評価シート

名前＿＿＿＿＿＿＿＿＿

	初心者		実践者		専門家	
学習到達目標	1	2	3	4	5	6
1. 質問をしたり、科学的な仮説を立てたりすることができる。						
2. 科学的な調査を計画することができる。						
3. 安全に実験を行うことができる。						
4. データを分析することができる。						
5. 探究の過程を評価し、振り返ることができる。						
6. 自分のデータを応用し、社会的な影響を説明できる。						
7. 自分の科学的探究を説明することができる。						
8. DNA の構造とその機能を説明できる。						
9. メンデル遺伝学の原理を説明できる。						
10. 生命の多様性における突然変異の影響を説明できる。						
11. 自然淘汰と人工淘汰の影響を説明できる。						
12. 遺伝学の応用と倫理的配慮について説明できる。						
13. 化学反応で原子がどのように再配列されるか説明できる。						
14. 質量保存の法則を説明できる。						
15. 化学反応時のエネルギー変化を説明できる。						
16. エネルギー保存の法則を説明できる。						
17. 位置エネルギーと運動エネルギーの関係を説明できる。						
18. さまざまな場面での熱エネルギーの役割を説明できる。						
19. エネルギー変換を説明できる。						
20. オカナガンでのエネルギー生産とエネルギー使用について説明できる。						
21. エネルギーに関する先住民の視点を説明できる。						
22. 原子力の供給源、技術、および応用について説明できる。						
23. 天文データの収集方法について説明できる。						
24. 宇宙の形成段階を説明できる。						

成績の見かた（等級とパーセンテージの関係）

学習カテゴリー	等級	パーセント（％）		
専門家	6	95	97	100
	5	86	90	94
実践者	4	73	80	85
	3	60	66	72
初心者	2	50	56	59
	1	30	40	45

取り組みの姿勢評価

取り組みの姿勢	改善する必要がある	ほぼ満たしている	よい	すばらしい
すべての課題を締切までに提出している。				
助けが必要な時には、サポートを求めるか、教師に教えてもらう。				
積極的にクラスに参加し、学習環境に貢献している。				
授業に必要なものを持って、時間通りに参加する。				
質問をしたり、自分の理解の限界に挑戦したりする。				

ブリティッシュ・コロンビア州サマーランド中等学校のショーナ・ベッカーの許可を得て使用

緒に使ってみて意見を聞き、デザインの変更や改善点を提案する共同設計の段階に入りました。メンネル先生は、約三週間ごとに、学習のあらゆる側面について自己評価と報告をする機会を生徒に与えています。メンネル先生は、授業中に生徒がシートを記入する時間を設け、それを回収して自分が時間の取れる時に読みます。そして、どの生徒と対面で会話をする必要があるかを判断します。

ＮＦＬのスパイダーチャートに触発されて、トリスタン・メンネル先生と私は、図５・５のスパイダーチャートを作成しました。このチャートでは、料理のプロジェクト

図 5.4　ドライブスルーの評価

名前＿＿＿＿＿＿＿＿＿＿＿＿＿＿＿＿　日付＿＿＿＿＿＿＿＿＿＿

ドライブスルー評価　　1　2　3

予想される成績

6	上段
5	
4	中段
3	
2	野菜室
1	

9・10 年向けの「食品・栄養」

「私は食品・栄養の　初心者　実践者　専門家　です。」

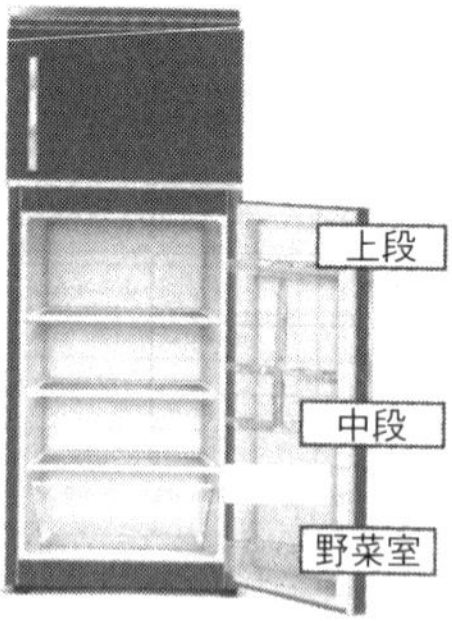

改善すべき点

□後片付け
□グループワークの課題への取り組みや、コミュニケーションなど
□ジャーナルの深み
□ジャーナルの出来栄え
□段取り—キッチン
□段取り—ポートフォリオ
□小テスト
□安全—行動
□安全—食の安全と衛生
□タイミング
□主体性・努力

マーニー・メンネルとマイロン・デュークの許可を得て使用

やメニューのデザインに続いて、生徒は生涯にわたって使える六つの能力（リスクを取る、試作品を作る、テストするなど）について、自分がどのように考えているかを記入します。自分の作品が、生涯にわたって使える能力に対して「洗練されている（S）」「できている（C）」「部分的（P）」「はじめたばかり（B）」のどのレベルに達しているかを判断したら、それをグラフに落とし込みます。スパイダーチャートの六本の軸すべてに点を付けたら、生徒は各点をつなげて進歩のイメージを掴むことができます。スパイダーチャートの下には、生徒が描いたグラフの内容をさらに説明するスペースがあり、教師もそれに答えることができます。「全体的な印象」の欄は、教師が単独で記入することも、教師が生徒と相談して記入することもできます。その他の自己評価シートやさまざまなカリキュラム分野の例にアクセスするには、「資料とツール[11]」をご覧ください。

『聞いてみよう』◆[4] というタイトルのビデオ・シリーズの撮影のために、オーストラリアのメルボルンにいるハッティと話しました。彼は、生徒の自己評価と報告の底力について次のようにコメントしました。

> 自分が評価に関わり、それを説明しなければならない時、それは自分のものになるわけで……生徒本人より説明をするのに適した立場にいる人がいるでしょうか？

（11）「資料とツール」の二次元コード

図 5.5　カフェテリアのスパイダーチャート

名前　　　　　　　　　　　　　　　　日付

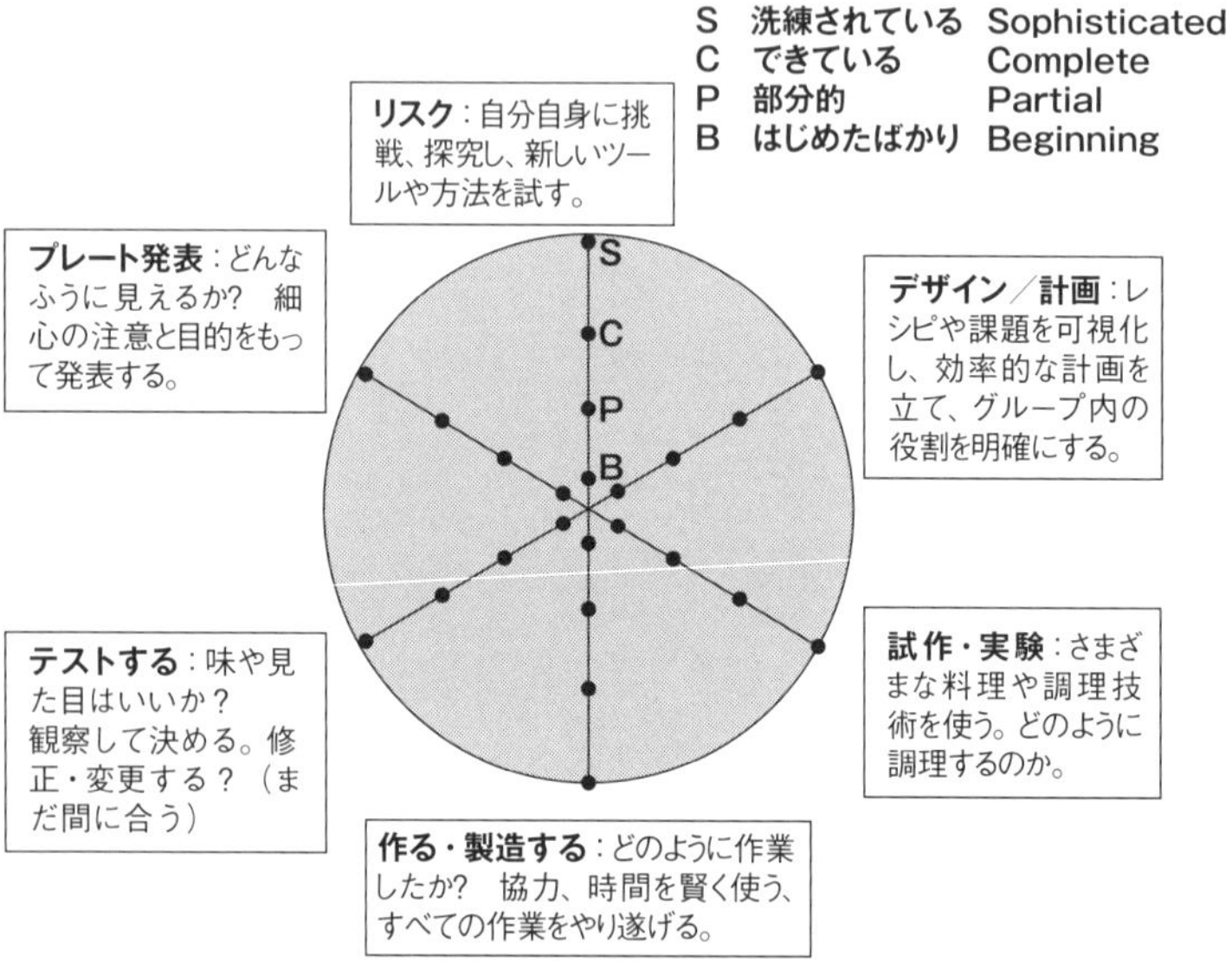

S　洗練されている　Sophisticated
C　できている　Complete
P　部分的　Partial
B　はじめたばかり　Beginning
リスク：自分自身に挑戦、探究し、新しいツールや方法を試す。
デザイン／計画：レシピや課題を可視化し、効率的な計画を立て、グループ内の役割を明確にする。
試作・実験：さまざまな料理や調理技術を使う。どのように調理するのか。
作る・製造する：どのように作業したか？　協力、時間を賢く使う、すべての作業をやり遂げる。
テストする：味や見た目はいいか？　観察して決める。修正・変更する？（まだ間に合う）
プレート発表：どんなふうに見えるか？　細心の注意と目的をもって発表する。
S
C
P
B

上記の要素のうち２つ以上に言及する：
上記の選択をしたことについて、詳細や説明を加える。

メンネル先生の考え：　□**同意する**　□**同意しない**
「同意しない」を選択した場合は、会話の時間を設定する。
コメント：

パフォーマンスの全体的な印象：
□**はじめたばかり**　□**部分的**　□**できている**　□**洗練されている**
コメント：

マイロン・デュークとトリスタン・メンネルの許可を得て使用

私は、生徒の自己評価および説明の取り組みが、ついに「生徒を運転席に座らせた。つまり、生徒がハンドルを握った」状態だと確信しています。

生徒が課題を理解し、語るようになる

メルボルンで開催された学会から戻ってきたばかりの私は、数学教師のペイジ・ムリンズ先生に、会議中に学んだいくつかの興味深いアイディアについて話しました。私が国際的な学会に参加すると、必ず何か新しいことに熱中して帰ってくるので、同僚はいつも冷や冷やしています。「帰ってきたぞ！」「気をつけろ！」という声が聞こえてきそうです。みんなの予想通り、戻ってきた初日の朝、私は真っ先にムリンズ先生の教室に向かいました。そして、「価値のある困難」のアイディアが数学に苦戦している生徒に与える影響について、興奮しながら話しました。ロバート・ビョークらは「価値のある困難」について次のように述べています。

単なる困難に比べると、「価値のある困難」は望ましいものになり得ます。それは、物事の意味づけと記憶の整理を進めるきっかけとなり、学習、理解、記憶をサポートするからです。

ムリンズ先生と私は、数学が苦手な生徒をどのようにサポートすればよいのか、特に苦手なことを克服する力をつけるにはどうすればよいのかについて話し合っていました。「価値のある困難」という言葉は、私たちのやり取りにぴったり当てはまります。私たちは、挑戦を受け入れることで、一部の生徒の数学に対する認識や、彼らが経験する本質的な欲求不満をどのように変えることができるかを想像しました。

その日の夜、ムリンズ先生にビョークらの研究を詳しく読んでもらい、翌日、その概念について話し合いました。ムリンズ先生は、ここ数か月の間、生徒が数学を苦手としていることや、生徒に苦手意識を認識させ、そのことを表現させる方法について多くのことを考えていました。「価値のある困難」は、生徒が困難に直面したときに、それを克服するのではなく、学習効果を高めるためのツールとするきっかけとなります。彼女は、生徒に数学のジャーナルを書かせることが、この学習上の会話を促す方法だと考え、私たちは週末に計画をまとめました。私は彼女の数学の基礎と微積分のクラスを訪れ、「価値のある困難」というテーマを紹介する手助けをしました。その後すぐに、彼女は週に一度、生徒がジャーナルを書く習慣を始めました。

彼女の生徒たちに紹介するために、私たちは数学以外の分野にも目を向けて、リスクを取ることについての良い例がないか調べました。一九六〇年代半ばに大成功を収めたビートルズですが、彼らは常に新しいアイディアや方向性に挑戦し、不確実性があっても前進しました。私は、『エイト・デイズ・ア・ウィーク〔週に八日分も君を愛せるんだ〕』の映像を生徒たちに見せました。その中でジョージ・ハリスンは、「私たちは、梯子を一歩一歩上っていくたびに緊張した。私たちはどうなるのかわかっていなかったから」と言っています◆62。私たちは、ビートルズがどのようにして音楽のスタイルを変え続け、それが一九六四年から一九六九年にかけての驚くべき変貌につながったのかを探りました。クラスでは、ファブ・フォー(12)が史上最高のバンドになるためには、リスクが不可欠な要素だったのではないかと議論しました。

また、アップルの生みの親であるスティーブ・ジョブズが、ボブ・ディランなどのアーティストに向けた言葉にも注目しました。ジョブズはかつてこう言っています。

> 彼らはある時点で、「一生この仕事を続けることができるのか、外見は成功していても、自分自身では成功しているとは思っていないのではないか」と考えるのです。それは、アーティストが本当に自分は誰であるかを決める瞬間です。失敗のリスクを冒し続けるから、彼らはアーティストなのです◆8。

私たちは、アップルが大成功を収めたのは、刻々と変化する科学技術の世界でリスクを冒して

(12)「Fabulous（すてきな、すばらしい）」の略をとり、「すばらしい四人組」の意味で、ビートルズの愛称のことです。

挑戦し続けた結果ではないかと考えました。

次に、ムリンズ先生と私は生徒たちに、自分が経験した失敗や困難がより深い学びにつながったときのことを思い出してもらいました。生徒たちは、バスケットボールの試合中やスノーボードをしているときのことなど、実際に経験した失敗や落とし穴について、最初はペアで、次にクラスで共有しました。学校の外で苦労したことの意味をまとめて確認した後、話を学校の中に移しました。　数学を学ぶには必ずリスクを伴うこと、そして学ぶことが最終的な目標だとするならば、困難は望ましいものだということを生徒に気づかせました。

最後に、どうすれば価値のある困難をつくり出せるかについてビョークらの四つの提案を紹介しました◆11。

1 練習の条件を一定で予測可能なものにするのではなく、変化させる。
2 課せられたテーマや課題に、集中したり詰め込んだりするのではなく、ある一定の期間、時間を空けて取り組むようにする。
3 指導は、グループ化したりブロック化するのではなく、異なるテーマを統合して行う。
4 テストを学習のイベントとして利用する。

コースの後半、ムリンズ先生と彼女のクラスの生徒は毎週のジャーナルを通して、「価値のある困難」というテーマを考え続けました。生徒にジャーナルを書く際に求めた質問には次のようなものが含まれます。

・今週の数学で経験した「価値のある困難」は何ですか？　何がそれを価値のある困難にしていましたか？
・テストや小テストで単に良い結果を出すのではなく、自分が本当に何かを学んだと気づくにはどうすればよいでしょうか？

これらについてジャーナルに書いたことをめぐり、生徒たちは驚くほど率直に話し合いました。また、ビョークらの四つの提案のいくつかが、生徒の反応の中で表現されていたのも興味深いことでした。

ある生徒は、「苦労を経験することで学ぶ」ことについて書いていました。さまざまな状況で自分の学んだことを説明すると、理解の幅が広がることを証明しました。もう一人の生徒は、テストを通して学ぶことについて書いています。時間をかけて、複数の状況で評価されることで、理解が深まると書いていました。特に興味深かったのは、何か新しいことを学んでいる最中に、ある概念の理解を実証できたとジャーナルに書いた生徒です。彼は、最初のテーマを取り上げてから数週間が経過していたにもかかわらず、最も必要なときにその情報を取り出せたと述べています。この観察結果は、ビョークらが述べていた「テーマの間隔を空ける」「異なるテーマを統合する」ということに当てはまります[13]。

ムリンズ先生のクラスでジャーナルを書く実践をする前は、生徒の声と自己報告を使って、学習の会話に奥深く踏み込むことができるとは思っていませんでした。私たちの経験から、教師には生徒と一緒に重要な学びに関する［ジャーナルで生徒たちが答えていたような］問いを掘り下げることをお勧めします。もし私たちがハッティのアドバイスに従って、もっと生徒に学びについて尋ねる回数を増やせば、そこから導き出された気づきを使って教室でのルーティンを変えることができたのではないかと思います。たとえば、ムリンズ先生は生徒たちによるテスト準備の効果を疑問に思っていたので、次のような問いかけを毎週生徒たちにしました。「最近受けたテストへの準備として、どんな勉強方法が効果的だったか、あるいは効果的ではなかったかを説明してください」ある生徒は次のように答えました。

学んだことを復習することは、そのことをずっと覚えておくために役立ったと思います。宿題は一晩でやって次の週には忘れてしまうのではなく、もっと長い時間をかけて取り組んだほうがよいと思います。

ムリンズ先生はこの生徒の声を、ビョークらの研究を補強するものと考えると同時に、自分自身の宿題のやり方や期待に疑問をもつきっかけにもなったと言います。上記のジャーナルを引用して、ムリンズ先生は次のようなメールを私に送ってきました。

情報を定着させること、思い出すことについて研究で述べていることを裏づけるすばらしい証拠だと思いました。また、私たち教師の多くは宿題のチェックをして、次の日にはすべて完了していることを期待していると考えると、とても興味深いです。生徒たちが情報を保持する時間がなかった場合、本当に意味があるのでしょうか？（二〇一八年五月二四日の私信）

(13) 協力者のコメントとして、「国際バカロレアの初等プログラムの探究でもこれは頻繁に見られます。六週間のユニットが終わった後（数か月後、半年後、一年以上後などまちまち）に、概念形成がより進んだり、その理解を応用したりしているエピソードには事欠きません。それが個々人にどのように現れるかは、その六週間でどれくらいセントラルアイディア（中心的な概念）の理解に向かって学んでいたか（学習活動に終始するのではなく）ということと、どれだけ多角的にその概念を捉えようとしたかということに大きく左右されます」をもらいました。「多角的にその概念を捉えようと」すること、それはまさに「価値のある困難」を示すものだと考えられます。

努力、参加、学習習慣についての生徒による自己評価

通知表や保護者面談など、多くの報告システムでは、生徒がどのようにして自分の学業成績に到達したかについて何らかの形で通知しています。努力、参加、取り組み方を数値化することは確かに可能ですが、これまでの授業では、正確かつ効果的な方法で行うことができなかったのではないかと危惧しています。努力については特に興味深く、測定はおろか観察するのも非常に難しいと思います。私は自分のキャリアの大半を、生徒の努力に対する印象を通知表に記入するという、かなり繊細な仕事をしてきたと思います。今では、他人がどれだけ努力しているかを判断することはできないこと、観察した行動から推測するしかないことに気づいています。努力や取り組み方について報告する試みは、実際に生徒に尋ねた方が、はるかに効果的で正確でしょう。

サマーランド中等教育学校一二年生の一人、ザビエルに、生徒の自己評価について意見を聞かせてほしいと尋ねてみました。ザビエルはおとなしくて、注目されることを避けているように見えましたが、すぐにインタビューに応じてくれました。彼は、「努力」を評価することと、それを誰が報告すべきかについて、次のように率直に語ってくれました。「生徒に尋ねることで、生徒が自分の取り組みをどんなふうに考えているのか、全力で取り組んでいるのか、何を課題としているのか、こういったことを先生は理解することができます」。

インタビューの後半で、ザビエルは数年前の体験を話してくれました。ザビエルは、その出来事を難なく思い出したので、私は自己評価というものがいかに生徒にとって重要なものかを思い知らされました。この時、彼の取り組み姿勢のスコアは「改善が必要」でした。彼は以下のように話していました。

通知表には「改善が必要」と書いてあったけれど、友達と一緒に昼休みや放課後に教室に来て勉強を教えてもらっていたのです。合格点ぎりぎりの点数だったと思うのですが、覚えているのは、「改善が必要」ということだけです。先生は僕が努力していないと思ったのだろうけれど、僕にはそのことを尋ねませんでした。先生は、なぜ僕が全力を尽くさないのか、なぜ努力しないのか聞かなかったのです。しかし、実際に僕は努力していました。僕自身は一生懸命努力していたのです。

これがどういうことか知りたいですか？　実際には努力していないのに、努力していると評価されることがあるということです。反対に、見えないところで一生懸命やっているのに、「努力していない」と評価されることもあります。なぜ、本人の意見を聞いてくれないのでしょうか？　（二〇一八年五月九日の私信）

彼の話を聞きながら、私は何十年にもわたって自分が行ってきた成績判断を振り返りました。私は、生徒の努力や参加を、自分の状況認識に基づいて判断していたのです。生徒が努力しているのかどうかを完全に誤解していたことがどれほどあったことでしょう。ザビエルはインタビューの最後に、「自分をどう評価するのか、自分はどう取り組んでいると思うのか、自分の点数はどうあるべきだと思うのかを生徒自身に問うことが重要だと思います」と強調していました。私もそう思います。ありがたいことに、教師が生徒の声や自己評価を行動、努力、学習習慣などといった学業以外の指標にどのように取り入れているかを示す例が増えています。以下に、いくつかの例を示します。

小学二年生の算数の自己評価

私たちの教育委員会では、算数補助教師であるショーナ・ベッカー先生の働きかけによって、生徒に学習目標を振り返ってもらうことを求めました。この取り組みはまだ始めたばかりですが、図5・6の自己評価シートは、情報の収集方法とデータの表現方法についてのアイディアを示しています。棒グラフのような図を生徒に提供して、自分がさまざまな分野でどのように活動しているかを視覚化できるように工夫していることが分かります。

中等学校生の自己評価

ベン・アーキュリー先生は、化学専攻の生徒がザビエルの提案通りに、自分の努力や参加を評価して報告できるワークシートを開発しました（表5・4参照）。このワークシートでは、振り返りの重要性と自分の学習状況をモニターすることの大切さが強調されています。また、「個人の責任」「自己管理」「教室での責任」「協働」の項目に分かれています。それぞれの項目は、E（すばらしい）、G（よい）、S（ほぼ満たしている）、N（改善する必要がある）の四つの選択肢から選んで自己評価できるようになっています。最後の部分では、生徒が自分自身の成長のために重点的に取り組みたい分野を二つ選びます。

この方法を通して伝えたいことは、生徒が自分の行動をコントロールし、それを報告する声をもっているということです。もう一つのテーマは、生徒のエンパワーメントです。たとえば、授業中の携帯電話の使用に不満を感じたアーキュリー先生は、携帯電話の使用を禁止しようと思いました。しかし、よく考えてみると、自分が本当に望んでいるのは、生徒が自分でデジタル機器を管理できるようになることだと気づきました。アーキュリー先生は「大学で携帯電話を禁止す

図 5.6　小学２年生の算数の自己評価シート

小学2年生の算数
学習到達目標の自己評価　　　　　名前：＿＿＿＿＿＿＿＿＿＿＿＿

ねらい：

1.100 までの数字は、10 と 1 に分解できる
2.100 までの数の足し算と引き算の計算能力を高めるには、位取りの理解が必要である
3. 増加するパターンの規則的な変化を見分けて、応用できる
4. 物や形は、説明したり、測定したり、比較したりできる
5. 具体的な項目は、グラフで絵のように表現したり、比較したり、解釈できる

<table>
<tr><th>学習到達目標</th><th>完璧に満たしている</th><th>満たしている</th><th>できるようになりつつある</th><th>資質・能力（当てはまる位置に「×」をつける）</th></tr>
<tr><td>1. 1-100 の数字を使うことができる。</td><td></td><td></td><td></td><td>思　考
解決策を考えられる。</td></tr>
<tr><td>2. 数字を 25 のグループにまとめることができる。</td><td></td><td></td><td></td><td rowspan="2">強い　　取り組みつつある
←――――→
（十分）　（これから）</td></tr>
<tr><td>3. 繰り返し表れるパターンを見出したり、伝えたりすることができる。</td><td></td><td></td><td></td></tr>
<tr><td>4. 100 までの数字を足すことができる。</td><td></td><td></td><td></td><td>理　解
複数の方法を使って問題を解決できる。</td></tr>
<tr><td>5. 100 までの数字の引き算ができる。</td><td></td><td></td><td></td><td rowspan="2">強い　　取り組みつつある
←――――→</td></tr>
<tr><td>6. 等しい、等しくない、を象徴的に表すことができる。</td><td></td><td></td><td></td></tr>
<tr><td>7. メートル単位で物を計測する方法を示すことができる。</td><td></td><td></td><td></td><td>コミュニケーション
自分の考えを正当化できる。</td></tr>
<tr><td>8. 二次元の形を比較できる。</td><td></td><td></td><td></td><td rowspan="2">強い　　取り組みつつある
←――――→</td></tr>
<tr><td>9. 三次元の形を比較できる。</td><td></td><td></td><td></td></tr>
<tr><td>10. 確率の表現（ありそう、なさそう）ができる。</td><td></td><td></td><td></td><td>振り返り
自分の学習を振り返ることができる。</td></tr>
<tr><td>11. さまざまな種類のグラフを作ることができる。</td><td></td><td></td><td></td><td rowspan="2">強い　　取り組みつつある
←――――→</td></tr>
<tr><td>12. コインを使って、1 ドルをつくる方法をたくさん紹介することができる。</td><td></td><td></td><td></td></tr>
</table>

あなたの通知表の評価：上記のテーマの棒グラフを作成し、あなたの総合的な達成度を視覚化します。

分類別のレベル	完璧に満たしている													総合的傾向 （1つに○をつけてください。） 完璧に満たしている 満たしている できるようになりつつある
	満たしている													
	できるようになりつつある													
		1	2	3	4	5	6	7	8	9	10	11	12	
		学習到達日標												

ショーナ・ベッカーの許可を得て使用

る人はいない。高校生のうちに携帯の使用を自分でコントロールできるように学んだ方がいい」と言っています（二〇二〇年一月二日の私信）。生徒が責任をもつようにするための大きな一歩となったのが、ワークシートの自己管理の部分に次のような記述を入れたことです。「私は学校の勉強のためだけに携帯電話を使います」。

この自己評価シートは、紙媒体で生徒に渡すこともできますし、書き込み可能なPDFで保護者にメールで送ることもできます。アーキュリー先生は、他の教師と協力してワークシートを自分たちのニーズに合わせてカスタマイズすることを勧めています。たとえば、「毎回、小テストの復習をしている」「授業の準備のためにフリップ・ビデオをすべて見ている」「クラスメイトが話す番になったら、積極的に話を聞いている」などの項目を入れることができます。

表 5.4　生徒の自己評価：責任、調整、協働

名前：＿＿＿＿＿＿＿＿＿＿＿＿＿＿＿＿＿＿＿＿　日付：＿＿＿＿＿＿＿

学習過程の重要な場面で、生徒が自分の言動を振り返ることがあります。生涯学習者として目標を達成するためには、私たちは皆、自分の成果をモニターし、評価し、そしてそれを改善するために何をすべきか知る力を身につける必要があります。以下の記述を読み、自分の振る舞いや態度、参加を振り返ってみて、自分自身を「すばらしい（E）」、「よい（G）」、「ほぼ満たしている（S）」、「改善する必要がある（N）」のいずれかで評価してください。

一般的な分類	具体的な要素	E	G	S	N
個人の責任	提案されたすべてのビデオを見て、付随する活動（例：Ｅdパズル）を完了する。	□	□	□	□
	すべての小テストとテストの準備をする。	□	□	□	□
	必要なものをすべて持って教室に来る。	□	□	□	□
	時間通りに教室に来て、学習活動に参加する準備ができている。	□	□	□	□
	グループや個人の活動で、課題に取り組み続ける。	□	□	□	□
	すべての課題、実験、プロジェクトを時間通りに完了する。	□	□	□	□
		E	G	S	N
自己管理	自分の目標、学習、行動に責任をもつことができる。	□	□	□	□
	ほとんどの問題を自分で解決でき、助けを求めるタイミングを見極めることができる。	□	□	□	□
	困難な課題を忍耐強くやり遂げることができる。価値ある困難を活用している。	□	□	□	□
	クラスの話し合いに積極的に参加する責任を果たしている。	□	□	□	□
		E	G	S	N

教室での責任	教室での話し合いや活動の間、集中して取り組む。	□	□	□	□
	クラスメイトを励まし、積極的に活動に貢献する。	□	□	□	□
	教室の安全、清潔、健康を保つために自分の役割を果たす。	□	□	□	□
		E	G	S	N
協働	他の人と協力して共通の目標を達成することができる。	□	□	□	□
	他人に優しく、協力して作業したり参加したりすることができ、仲間との関係を築くことができる。	□	□	□	□
	自分のグループに貢献し、他の人が取り組んでいることを手伝うことができる。	□	□	□	□
	他の人がサポートを必要としていることを察知し、それを提供することができる。	□	□	□	□

今週／学期の目標	振り返り——どうだったか？

ベン・アーキュリーの許可を得て使用

自己評価シート

バリー・モーハート先生は、ブリティッシュ・コロンビア州ケレメオにあるシミルカメーン中等学校で、社会科と企画立案を教えています。生徒の学習習慣や参加状況を評価するとき、モーハート先生は、「自己評価シート」という題名のワークシートに記入をするよう生徒にお願いしています。このワークシートには以下の四つの質問があります。

1　このクラスでのあなたの学習上の強みを説明してください。
2　あなたが改善できる点を説明してください。
3　あなたの学習をどのようにサポートしてもらいたいか説明してください。
4　このクラスでのあなたの学習習慣や参加状況について簡単に説明してください。

生徒が質問内容を理解して、回答の質を高めるために、モーハート先生は生徒がワークシートを記入する前にクラスで話し合いをします。この話し合いでは、四つの質問とその意味、生徒が回答する際に参考にできる例などを取り上げます。モーハート先生は、生徒の評価は正確で、正直で、率直だと感じています。また、多くの場合、ワークシートには生徒が使っている生きた言葉が使われていて、教師が書いた場合よりも効果的だと考えています。たとえば、ある生徒は、学習習慣に関する質問に次のように答えています。「私はほとんどの取り組みをこなしてはいますが、よくサボっています。でも、私はいろいろなことが上達しています」。モーハート先生は次のように言っています。

生徒が自分を評価するコメントでは、私が言えないことを生徒が言ってくれます。たとえば、私が生徒のことを「よくサボる」と正式な通知表にコメントすることはありませんが、それを生徒自身の言葉として記載すると、保護者の心に響き、信憑性が高くなると思います(14)(二〇一九年一一月四日の私信)。

「見えないもの」を生徒に報告させる

目に見えているものを生徒の言葉で表現するよりも、目に見えないものを生徒に自己報告してもらうほうがより効果的です。モーハート先生は、「大人数の場では恥ずかしがり屋だが、小人数の場ではそうでもない」と自己報告した生徒の例を挙げました。この生徒は、学校生活の中で、この点については努力を続けているということも述べていました。また、別の生徒は「先生にもっと助けを求めて、他の生徒に『媚びる』ような発言を減らす必要がある」と振り返りました。シルビア・トリザーノらが「水面下」の学習と呼ぶこの種の報告は、信じられないほど効果的です。◆121 とても長い間、私たちはプロジェクト、エッセイ、テストなどの成果物を中心に評価してきました。しかし、目に見えないものを生徒が自己報告する力を、学校は活用し始めています。

(14) 協力者コメント「心から共感！ 教師の評価コメントには、生徒の自己評価から引用して記載することが多いです」。

私たちの教育委員会では、トリザーノらの研究に影響を受けて、生徒が「水面下」の学習を報告する機会を意図的に提供する仕組みを検討しています。図5・7の生徒向けワークシートは、紙でもデジタルでも使用できます。このワークシートでは、生徒が目に見える要素を記述できるようにしていますが、目に見え

図 5.7 私の学び：水面上と水面下

名前 ＿＿＿＿＿＿＿＿＿＿＿＿＿＿＿＿

活動、プロジェクト、またはイベントの説明：

あなたの学習について、
他の人に見えることは何ですか?

あなたの学習について、自分ができるようになったことで
自分しか知らないことは何ですか?

・成功・挫折
・ターニングポイントは?
・気づいたことは?

今回の学習で、以下の資質や生涯にわたって使える
重要な能力のいずれかを身につけたり、
実際に使ったりすることができましたか?

・コミュニケーション力・協働する力
・クリティカルな思考★1・創造的な思考
・個人的・社会的スキル★2

マイロン・デュークの許可を得て使用

★1・181 ページの注 8 をご参照ください。
★2・この二つがどういうものを含んでいるか、そしてそれらをどうやって磨くことができるかは、『感情と社会性を育む学び（SEL）』マリリー・スプレンガー著や『学びはすべて SEL』ナンシー・フレイほか著が参考になります。

ないものを報告するためのスペースも用意しています。生徒が自己報告するための基本的な資質や能力が含まれていることに注目してください。私は、自己報告に必要なヒントをこの部分に入れるように学校や教育委員会に勧めています。

❖❖❖❖❖

プロフットボール界には、統計やデータだけではないものから、トム・ブレイディの次の選手を見つけ出そうとしている人たちがいます。おそらくこれは、学校でも同じような問題があるのではないでしょうか。テストの点数やGPA[15]など、たくさんの統計やデータがありますが、生徒たちには数字以上のものがあります。私たちの課題は、ジョン・ハッティのアドバイスを参考にして、生徒自身に起きていることを教えてもらう機会をつくることです。逆説的かもしれませんが、生徒の声に耳を傾けることで、私たちは教育者としての自分自身をより深く知ることができるのです。ハッティが言うように、何を理解しているのかを生徒から聞くことが、私たち教師にとって最上のフィードバックなのです。◆4

（15）Grade Point Averageとは、各科目の成績から特定の方式によって算出された学生の成績評価値のことです。米国の大学や高校などで一般的に使われており、日本においても、成績評価指標として導入する大学が増えてきています。

おわりに

トーマス・ガスキーの著書『ベンジャミン・S・ブルーム——教育者の肖像（未邦訳）』には、多くのエピソードが紹介されています[54]。とりわけ、心に響いた話があります。ブルームの教え子で、スタンフォード大学教育・芸術学部の名誉教授エリオット・アイズナーが、シカゴ大学でかつて経験したある発表時の強烈な瞬間の回想です。

多くの準備を経て、アイズナーは学位論文の研究につながる予備調査の結果を仲間の前で発表していました。アイズナーのデータは、一〇歳と一一歳の生徒の作品を採点する審査員間の信頼性について調べたものでした。アイズナーは次のように書いています。「私の最善の努力にもかかわらず、審査員間の信頼性の相関係数はわずか〇・四〇から〇・五〇であることが判明し、少し困惑しました[43]」。どういうことか分かりやすく説明すると、統計学的に許容できる範囲を超えた評価のバラつきがあるため、信頼性が低いということです。アイズナーは教育測定の専門家を目指す学生たちに囲まれていて、そのうちの何人かはクスクス笑い始めました。それに気づいたブルームはこの機会を利用して、こういった事例の判断の複雑さと測定の目的をめぐる議論へと繋げました。アイズナーは、その日学んだ二つの重要な教訓を次のように語っています[43]。

一つ目は、困難な局面で学生をサポートすることの重要性です。ブルームは、学生を困らせることで得られるものは何もないと考えていました。二つ目の教訓は、統計を常に文脈の中でとらえることの大切さです。ある数字をどのように解釈するのかは、測定の問題だけでなく、その数字が導き出された状況の特徴にも左右されるということです。私はこの二つの教訓を決して忘れることができません。

ガスキーが指摘するように、「ブルームは、何かをどれだけうまく測れるかは重要だが、何を測っているか、なぜ測っているかのほうがもっと重要だということを、他の学生たちに理解させるため、あの出来事を利用した」(二〇二〇年五月二〇日の私信)のです。私は教師生活のほとんどで、テストを採点し、点数を集計し、数え切れないほどの通知表を記入してきました。ガスキーは、私たちが何をなぜ測っているのか、立ち止まって深く考えるよう求めています。私は生徒のための次のステップや私自身の指導や実践の効果など、評価データが明らかにするさまざまな事柄をやっと理解し始めたばかりでした。

生徒と一緒に「本物の評価」(1)に取り組む歩みを進めれば進めるほど、それは実のところ、それほど難しいことではないのだと確信するようになりました。とはいえ、パラダイムシフト「劇的な認識の変化」が必要なのは確かです。スティーブ・ジョブズがジョン・スカリーに「このまま

(1) 著者自身が長年「テストを採点し、点数を集計し、数え切れないほどの通知票を記入してき」た評価を、暗に「偽物の評価」として対比しているかのようです!

ずっと砂糖入りの水を売り続けたいのか？　そうじゃなくて、私と一緒に、この世界を変えてみたくはないか？」と問うたとき、スカリーはパラダイムシフトを経験したのでしょう。

私の最初のパラダイムシフトは、一〇年ほど前、生徒の学習環境の設計に大きく影響するいくつかの重大な結論を得たときでした。その結論とは、次のようなことです。生徒の家庭環境は教師である私にはコントロールできませんが、宿題のやり方と生徒への期待値はコントロールできます。生徒の社会経済的な現状をコントロールすることはできませんが、多様性、公平性、公正さを考慮した評価や成績の仕組みをつくることは可能です。生徒によって学習や理解の速度が異なることはコントロールできませんが、学習の流動性を反映した継続的な評価の枠組みを設計することはできます。そして、生徒とほかの大人との関わりをコントロールすることはできませんが、私が生徒とどのように関わるかはコントロールできます。私は、二〇一四年の著書『厳しい評価より、賢い評価を』で、このパラダイムシフトについて詳しく書きました[38]。しかし、それから数年経って、私は自分の「採点、評価、通知システム」を変えるのに、もっとやるべきことがあることに気づきました。一つのピースが欠けていたのです。それは、自分たちの学習を計画し、取り組み、評価し、報告するのに最も適した立場にある人たち、すなわち私の生徒たちに尋ねるということです。これが、私の二度目のパラダイムシフトです。

ジェシカ・ラヘイは、著書『失敗という贈り物（未邦訳）』の中で、「生徒に声を与えなければならない」「幼稚園の最初の日から、子どもたちは自己主張を学ぶことが不可欠だ」と言っています。

さらにラヘイは、年齢とともに責任の度合いを高めるべきだと、次のように指摘しています。◆72

> 中学生になれば、欠席届、許可書、締め切りなど、教育やスケジュール管理の細部にまで責任をもつようになるべきです。さらに高校生になれば、生徒は完全に自分のスケジュールと必要な学校での義務や詳細を管理するようになるべきです。

最初は、ラヘイの提案に違和感を覚えましたが、自分の子育てに取り入れていくと徐々に納得する部分がありました。息子のエリアは一一年生、娘のスローンは今年九年生ですが、私は「ヘリコプター・ペアレント〔過保護・過干渉な親〕」にはならないように心がけています。子どもたちはもっと責任をもち、失敗をして、その経験から学ぶべき時期なのです。最近、スローンが大慌てで私に電話をかけてきて、学校に体操服を持ってきてほしいと頼まれました。またもや家に忘れてきたのです。いつもなら、車に飛び乗って体操着を届け、父親としてのスーパーマンぶりを発揮しているところです。しかし、ラヘイのアドバイスに従って、私は次のように言いました。「残念だったね、スローン。前夜に荷物をまとめるようにするとか、以前から話していたチェックリストを作るとか、必ず解決策はあるはずだよ。とにかく、私は今書きものをしているところだから、もし必要なら、友達に助けてもらいなさい。じゃあ、また帰ってきてから！」。

スローンは、ラヘイの大ファンではありません（ただし、念のために言っておくと、スローンはそれ以来、何も忘れていないか、あるいは自分自身の課題を乗り越える術を身につけたようです）。

考えれば考えるほど、ラヘイの保護者へのアドバイスは、私たちが評価のパラダイムシフトを進める方法と似ているように思えてなりません。生徒がもっと発言し、コントロールし、主体性をもつべきなのです。セレステ・キッド（217～219ページ参照）が言うように、私たちは過去の経験に基づいて環境に対する期待を形成し、その期待は私たちの行動に大きく影響します（二〇一八年一二月一一日の私信）。

エリアとスローンの人生経験において、私が常にそこにいて状況をコントロールし、転んだら助け、あるいはリスクを完全に回避できるようにすると教えるなら、彼女らはおそらくそれに従って行動するでしょう。同じように、もし生徒たちが、評価の領域が教師によってのみコントロールされる学校環境を期待し続けるなら、彼らは自分たちの学習という旅行のパイロットではなく、カリキュラムの範囲内で自己満足する乗客として行動し続けるでしょう。

ありがたいことに、この二つ目のパラダイムシフトは、私一人の問題ではありませんでした。自分が所属する教育委員会や、カリフォルニア州ローズビル市教育委員会、メキシコのモンテレイ・アメリカンスクール財団（ASFM）など、世界中の教育委員会や学校での活動から、評価において生徒をエンパワーすることが、教育における強い力として勢いを増している証拠を私は目の当たりにしてきました。

このような変化を生徒と一緒に日々、教室で体験している先生方からのメールは、私にとって何よりの励みです。ASFMの中学校の数学の先生、マーク・オズボーンからのメールもその一つです。

オズボーン先生は、自分の学校が伝統的な数字の成績評価から、第4章で説明した新しい四段階の記述式成績評価に移行したときに感じた不安について書いています。彼は、生徒が「数字の成績」に注目していると考え、その学期最初の形成的評価を返す（成績を伝える代わりに、フィードバックをする）ことに特に緊張を覚えたと回想しています。オズボーン先生は、フィードバックの真の目的は数字ではなく、生徒が学習のどの段階にいるのかを知り、学習を進めるために必要なことを特定することだと説明し、その不安を和らげようとしたのです。

ところが、オズボーン先生の緊張はまったくの見当違いでした。彼は生徒から反発を受けることはなく、むしろ、生徒たちは彼のコメントに目を通し、適切な質問をしました。しかし、一人の生徒だけは例外でした。オズボーン先生は次のように書いています。

授業の後、一人の生徒が私のところにやってきました。彼は、私が提供したフィードバックと、成績がつけられなかった理由は理解したと言っていました。しかし、もし成績がつけられていたらどのような成績になっていたのか、知りたかったようです。私は、その質問に喜んで答えると言いましたが、その前に、まずは自分で下した自己評価を報告してもらいたいと伝えました。私のフィードバックを受けて、ルーブリック〔評価基準表〕に当てはめ、どの指標でうまく証拠を示すことができたかを判断するよう指示しました。そして、翌日、私のところに来て、彼が発見したことを話してくれるよう頼んだのです。

翌朝、その生徒は始業前に私に会いに来ました。彼は、自己評価をした結果、自分は「できるようになりつつある」レベルだと思う、と言ってきました。なぜそう思うのか聞いてみると、よくできていることは何で、「満たしている」レベルになるためには、どのような内容・スキルが足りないのかを説明してくれました。彼は、「満たしている」レベルに到達するために何をしなければならないかを理解していたのです。

その瞬間、私は目の前に、自分が学習のどの段階にいるのか、そして前に進むために何をすべきかを明確に理解している生徒を見ました。このやり方は、私たち双方にとって、とても重要なものだったと心から思っています（二〇一九年一〇月一日の私信）。

オズボーン先生も、パラダイムシフトを体験したことは明らかです。彼は数学で新しい四段階評価を試しています。彼は、生徒に与えるフィードバックは、自分の指導についてのフィードバックでもあるというハッティの考えに賛同しています。彼は、「進歩すること」によって私たち全員が目標に到達できることを認識しています。オズボーン先生はいま、明確な目標を設定したルーブリックを作成し、成績をつけずに生徒に課題を返すという試みのために「緊張」しています。(2)

先に（120ページ参照）、マイケル・ジョーダンの失敗に対する評価と、彼が間違いなく史上最高のバスケットボール選手になるために、失敗が果たした役割についてお話しました。NFLのブレイディとNBAのジョーダンの記録の数々が超えられることはないでしょう。たとえば、ジョーダンはNBAの最多連続二桁得点八六六試合という記録を保持しています。◆23 そう！ 八六六試合連続です。一〇〇〇試合以上出場した経歴の中で、一試合平均三〇得点強でした。彼が「スーパーマン」と呼ばれるのも不思議ではありません。六度のNBA優勝への道のりで、ジョーダンは緊張することを学んだといっていいでしょう。このことについてジョーダンは、「緊張することは悪いことではない。それは何か重要なことが起きている証しなのです」と言っています。

（2） 協力者のコメント 「このエピソードは、私がなぜ『成績』をあまり重要視せずにきたのか、また『評価』について他の教員や保護者と対話するときになぜ噛み合わないことがあるのかについて、大切なことが含まれている。引き続きよく考えたい」

本書で紹介したすべての教師と同じように、オズボーン先生も何か重要なことに着手したといえるでしょう。評価は学習の活力源です。そして、もうそろそろ生徒が自分たちで評価をコントロールできるようにすべきなのです。生徒たちに運転席をゆずるときアメリア・イアハート[3]の名言「人生には乗客でいるよりも大切なことがある」が私たちの背中を押してくれます。

「乗客」といえば、混雑しているけれど静かなエレベーターの中で、少し居心地の悪い思いをしながら階数表示を見上げ、教育者、親、学習者としての自分の目的について考えたことがありました。オライリーが言うように、フロアを移動する三〇秒は、私の評価の目的を説明するには十分です。現時点での私のエレベーターピッチは、次のとおりです。

私たちは、評価のもつあらゆる可能性を通して、生徒を学びに熱中させ、エンパワーします。そのためには、生徒自身の声、選択すること、自己評価すること、そして自己報告することが不可欠です。

さて、目的のフロアに着きました。それでは、また。

(3) アメリア、イアハートは、一九二七年のリンドバーグの快挙に続き、女性として初めての大西洋単独横断飛行に成功しました。彼女は自身の体験を通じ、女性の地位向上のために熱心な活動も行いました。

原書の第四章について

訳者による前書きにもあるように、初期の訳稿は三五〇ページ強の分量となり、原書の第四章「継続的な評価に生徒が参加する」ほかをカットせざるを得ませんでした。

このカットした「第四章」をオンライン版でお読みいただけるよう公開しています。以下の二次元コードからご参照ください。

・『あなたの授業が子どもと世界を変える――エンパワーメントのチカラ』ジョン・スペンサー，A・J・ジュリアーニ（著） 吉田新一郎（訳） 新評論 2020年

・『ようこそ、一人ひとりをいかす教室へ――「違い」を力に変える学び方・教え方』C.A. トムリンソン，キャロル・アン（著） 山崎敬人ほか（訳） 北大路書房 2017年

・『「考える力」はこうしてつける（増補版）』ジェニ・ウィルソン，レスリー・ウィング・ジャン（著） 吉田新一郎（訳） 新評論 2018年

・『伝説の指揮官に学ぶ究極のリーダーシップ――米海軍特殊部隊』ジョッコ・ウィリンク，リーフ・バビン（著） 長澤あかね（訳） CCC メディアハウス 2021年
〈原〉Willink, J., & Babin, L. (2015). Extreme ownership-How U.S. Navy SEALs lead and win. New York: St. Martin's Press.

・『たった一つを変えるだけ――クラスも教師も自立する「質問づくり」』ダン・ロススタイン，ルース・サンタナ（著） 吉田新一郎（訳） 新評論 2015年

・『理解するってどういうこと？――「わかる」ための方法と「わかる」ことで得られる宝物』エリン・オリヴァー・キーン（著） 山元隆春ほか（訳） 新評論 2014年

・『エッセンシャル思考――最少の時間で成果を最大にする』グレッグ・マキューン（著） 高橋璃子（訳） かんき出版 2014年
〈原〉McKeown, G. (2014). Essentia/ism: The disciplined pursuit of less. New York: Crown Business.

・『プロジェクト学習とは――地域や世界につながる教室』スージー・ボス，ジョン・ラーマー（著） 池田匡史ほか（訳） 新評論 2021年

・『多元的知能の世界――MI 理論の活用と可能性』ハワード・ガードナー（著） 中川好幸ほか（訳） 日本文教出版 2003年

・『MI――個性を生かす多重知能の理論』ハワード・ガードナー（著） 松村暢隆（訳） 新曜社 2004年

・『マルチ能力が育む子どもの生きる力』トーマス・アームストロング（著） 吉田新一郎（訳） 小学館 2002年

・『感情と社会性を育む学び（SEL）――子どもの、今と将来が変わる』マリリー・スプレンガー（著） 大内朋子ほか（訳） 新評論 2022年

邦訳が出版されている参考文献

本文および訳注中の邦訳が出版されている参考文献（出現順）

※〈原〉と表記があるのは、本原書の参考文献に記載のあったものです。
原書の参考文献一覧は右の二次元コードからご参照ください。

・『超一流になるのは才能か努力か？』アンダース・エリクソン（著） ロバート・プールほか（訳）文藝春秋 2016年
〈原〉Ericsson, A K., & Pool. R.(2016). Peak: How all of us can achieve extraordinary things. Toronto, ON: Penguin.

・『平均思考は捨てなさい―出る杭を伸ばす個の科学』トッド・ローズ（著） 小坂恵理（訳） 早川書房 2017年
〈原〉Rose, T. (2016). The end of average: How we succeed in a world that values sameness. NewYork: Harper Collins.

・『逆転！――強敵や逆境に勝てる秘密』マルコム・グラッドウェル（著） 藤井留美（訳） 講談社 2014年
〈原〉Gladwell, M. (2013). David and Goliath: Underdogs, misfits, and the art of battling giants. Boston: Little, Brown.

・『ファスト＆スロー 上・下―あなたの意思はどのように決まるか？』ダニエル・カーネマン（著） 村井章子（訳） 早川書房 2014年
〈原〉Kahneman, D. (2011). Thinking, fast and slow.Toronto, ON: Random House.

・『WHYから始めよ！――インスパイア型リーダーはここが違う！』シネック・サイモン（著） 栗木さつき（訳） 日経BPM 日本経済新聞出版本部 2012年
〈原〉Sinek,S. (2009). Start with why. New York: Penguin.

・『学習に何が最も効果的か――メタ分析による学習の可視化【教師編】』ジョン・ハッティ（著） 原田信之ほか（訳） あいり出版 2017年
〈原〉Hattie, J. (2012). Visible learning for teachers. New York: Routledge.

・『テストだけでは測れない！――人を伸ばす「評価」とは』吉田新一郎（著） 生活人新書 ＮＨＫ出版 2006年

・『一人ひとりをいかす評価――学び方・教え方を問い直す』C.A. トムリンソン, T.R. ムーン（著） 山元隆春ほか（訳） 北大路書房 2018年
〈原〉Tomlinson, C. A,& Moon, T. R. (2013). Assessment and student success in a differentiated classroom. Alexandria, VA; ASCD.

【著者紹介】
著者のマイロン・デューク（Myron Dueck）は、カナダとニュージーランドで 23 年間、4年生から12年生までの子どもを対象に、教師として、また管理職として働いてきた。2014 年に ASCD より出版された『Grading Smarter, Not Harder - Assessment strategies that motivation kids and help them learn』はベストセラーとなっている。

【訳者紹介】
山﨑その（やまさき・その）
京都外国語大学付属図書館事務長。専門は大学経営、大学評価。博士（政策科学）。総合企画室など企画部門の部署を経て、2020 年より現職。著書に『大学経営の評価システム―手法の開発とマネジメントへの応用』、『これからの大学経営―ガバナンス、マネジメント、リーダーシップ―』（共著）などがある。

吉川岳彦（よしかわ・たけひこ）
大阪府出身。私立高校勤務を経て、京田辺シュタイナー学校の国語科教諭・高等部クラス担任。主に7年生から 12 年生の国語およびメインレッスンを担当。ドイツの Freie Hochschule Stuttgart にて Master of Arts (Klassen-und Fachlehrer an Waldorf-schulen) を取得。妻と娘、そして、本とリコーダーをこよなく愛している。

吉田新一郎（よしだ・しんいちろう）
『学びの中心はやっぱり生徒だ!』『みんな羽ばたいて――生徒中心の学びのエッセンス（仮）』『成績をハックする』（すべて新評論）と併せて読むと、この本の理解が一層増します。実践記録や質問等は、pro.workshop@gmail.com 宛にお願いします。

聞くことから始めよう！
やる気を引き出し、意欲を高める評価

2023 年 8 月 1 日　初版発行

訳　　者　山﨑その・吉川岳彦・吉田新一郎
発 行 者　横山験也
発 行 所　株式会社さくら社
〒 101-0051
東京都千代田区神田神保町 2-20 ワカヤギビル 5F
TEL：03-6272-6715 ／ FAX：03-6272-6716
https://www.sakura-sha.jp
郵便振替 00170-2-361913
ブックデザイン　クリエイティブ・コンセプト　根本眞一
印刷・製本　中央精版印刷株式会社

ISBN978-4-908983-68-9 C0037

さくら社の理念

●書籍を通じて優れた教育文化の創造をめざす

教育とは、学力形成を始めとして才能・能力を伸ばし、目指すべき地点へと導いていくことでしょう。しかし、そこへと導く方法は決して一つではないはずです。多種多様な考え方、やり方の中から、指導者となるみなさんが自分に合った方法を見つけ、実践していくことで、教育文化は豊かになっていきます。さくら社は、書籍を通じてそのお手伝いをしていきたいと考えています。

●元気で楽しい教育現場を増やすことをめざす

教育には継続する力も必要です。同時に、継続には前向きな明るさ、楽しさが必要です。先生の明るい笑顔は子どもたちの元気を生みます。子どもたちの元気な笑顔で先生も元気になります。みんなが元気になることで、教育現場は変わります。日本中の教育現場が、元気で楽しい力に満ちたものであるために——さくら社は、書籍を通じて笑顔を増やしていきたいと考えています。

●たくましく豊かな未来へとつなげることをめざす

教育は、未来をつくるものです。教育が崩れると未来の社会が崩れてしまいます。教育がたくましくなれば、未来もたくましく豊かになります。たくましく豊かな未来を実現するために、教育現場の現在を豊かなものにしていくことが必要です。さくら社は、未来へとつながる教育のための書籍を生み出していきます。